Elogios para

UNA VIDA CON SIGNIFICADO

"Existe una vida más allá de la vida que conocemos. Nuestra alma la anhela, nuestros sueños están llenos de ella y nuestra esperanza la busca en las vidas de los demás. Es la vida significativa para la que fuimos creados, una vida que se nutre de la fuerza de un destino por realizar. Jim Graff señala el camino que nos conducirá a esa vida. *Una vida con significado* es un llamado vibrante para alcanzar las cimas más altas de lo mejor que Dios ha dado a nuestra existencia".

—STEPHEN MANSFIELD, autor de *The Faith of George W. Bush* y *The Faith of the American Soldier*

"*Una vida con significado* cumple cabalmente su cometido de enseñar a los lectores a vivir una vida con significado y un propósito. Este libro abunda en preciosas y sólidas pepitas de sabiduría. Aconsejo al lector tomarse unos momentos y seguir a Jim Graff en un viaje para descubrir el significado único de la propia existencia. Éste es precisamente el libro que necesitamos".

—NICKY CRUZ, fundador de Nicky Cruz Outreach y autor de *Soul Obsession* y *One Holy Fire*

"En *Una vida con significado,* Jim Graff despliega con elocuencia la estrategia que él y otros grandes líderes están utilizando para encender la chispa de la revolución cristiana en los pequeños pueblos, en los condados y en todos los rincones de Estados Unidos. Sus ideas y su ejemplo nos dan la esperanza y la inspiración para que todas las iglesias en todas las comunidades puedan participar en la salvación de nuestro país".

—RON LUCE, director y fundador de Teen Mania Ministries, y autor de *Battle Cry for a Generation* y *Revolution YM*

"*Una vida con significado* es un libro maravilloso sobre la importancia de ser obedientes ante Dios, y de seguir el camino de su voluntad perfecta en nuestras vidas, sin importar el tamaño de la iglesia a la que pertenecemos. Todos tenemos un lugar en el cuerpo de Cristo, y a todos nos han asignado una tarea. Este libro nos ayudará a entender que cuando cumplimos nuestro propósito, Dios se enorgullece de nosotros. De la misma manera, yo estoy orgullosa de Jim. Es un yerno magnífico y lo felicito por haber escrito este libro".

—DODIE OSTEED, cofundadora de Lakewood Church

"¿Alguna vez, movido por la duda o por los desafíos planteados por otras personas, se ha preguntado por aquello que late en lo más profundo de su corazón —la visión y el propósito que Dios le ha encomendado? *Una vida con significado* pone todas las cartas sobre la mesa. El Pastor Jim Graff analiza los escollos y los obstáculos que nos pueden desanimar y nos lleva a un lugar donde vemos todos los recursos a nuestro alcance. El lector acabará este libro sabiendo que puede llevar a cabo todo lo que Dios le ha encomendado".

—BILL WILSON, pastor y fundador de Metro Ministries, y autor de *Christianity in the Crosshairs*

"*Una vida con significado* aborda directamente la más antigua de las preguntas de la humanidad: *¿Por qué estamos aquí?* A través de un revelador análisis de la vida del rey David, Jim Graff nos invita a un emocionante viaje de redescubrimiento y de un nuevo despertar de nuestros sueños y nuestra vocación en Dios. Cada página es una ráfaga de aire fresco para quienes se sientan derrotados, cansados o que necesiten reorientar sus vidas. Con el ánimo de un pastor, Jim nos estimula a deshacernos de todo lo que nos entorpece y a recuperar la confianza en Dios para vivir la vida para la que fuimos creados".

—JOHN y LISA BEVERE, autores y conferenciantes, Messenger International

"Puede que nuestros años en la tierra hayan sido bendecidos como los de Jacobo, o puede que nos sintamos como Esaú —rojos, peludos y rudos, y con buenas razones para ello—, pero los principios analizados en *Una vida con significado* nos ayudarán a vivir una vida que tendrá un impacto perdurable en el mundo. Jim Graff nos transmite unas profundas enseñanzas sobre cómo cumplir con la vocación que Dios nos ha encomendado a todos y cada uno de nosotros".

—TED HAGGARD, pastor y autor de *Foolish No More!* *The Jerusalem Diet* y *From This Day Forward*

Jim Graff

Una vida con significado

Jim Graff es un pastor dinámico que posee un don con las palabras. Jim es pastor de Faith Family Church, una parroquia compuesta de 4.000 feligreses en Victoria, Texas que recién fue declarada una de las iglesias protestantes más sobresalientes de Estados Unidos. Jim y su esposa Tamara son padres de cuatro hijos.

Una vida con *significado*

JIM GRAFF

PRÓLOGO DE

JOEL OSTEEN

UNA VIDA CON *significado*

REALICE SU POTENCIAL ETERNO CADA DÍA

Vintage Español

UNA DIVISIÓN DE RANDOM HOUSE, INC.

NUEVA YORK

PRIMERA EDICIÓN VINTAGE ESPAÑOL, JUNIO 2007

Las cursivas en las citas de las Sagradas Escrituras han sido añadidas por el autor para poner énfasis.

Los detalles de algunas anécdotas han sido cambiados para proteger las identidades de las personas involucradas.

Biblioteca del Congreso de los Estados Unidos
Información de catalogación de publicaciones
Graff, Jim.
[Significant life. Spanish]
Una vida con significado : realice su potencial eterno cada día / by Jim Graff ; prólogo de Joel Osteen—Primera ed. Vintage Español.
p. cm.
ISBN: 978-0-307-38597-0
1. Christian life. I. Title.
BV4501.3.G6918 2007
248.4—dc22
2006038463

Traducción de Alberto Magnet.

www.grupodelectura.com

Impreso en los Estados Unidos de América
10 9 8 7 6 5 4 3

~

Dedico este libro:

A mi padre, Ken Graff Sr. (1928–1985), un investigador consagrado a su trabajo en PPG Industries durante el día y bombero voluntario de la comunidad, conductor de ambulancias, entrenador de la Pequeña Liga y un marido y padre abnegado por la noche. A mi mejor amigo, el hombre que me enseñó a creer en mí mismo y en el potencial que Dios me ha dado. En mis oraciones, pido que existan más familias con padres como tú.

A mi suegro durante trece años, el Pastor John Osteen (1921–1999), mi guía en mi ministerio, que me enseñó que los edificios no necesitan pastores, pero que las personas sí. Un líder estimulante y compasivo, este hombre me enseñó a creer en los demás y en el potencial que les ha dado Dios. En mis oraciones, pido que haya más iglesias con pastores como tú.

A todos los pastores que trabajan en los pequeños condados de Estados Unidos y en lugares olvidados del mundo. En mis oraciones, pido que crezcan y se fortalezcan en el importante lugar al que Dios los ha llamado.

Índice

CUARTA PARTE: LA COOPERACIÓN

QUINTA PARTE: LA COMUNIDAD

Prólogo

Es muy fácil que nos sintamos consumidos por los detalles de la vida cotidiana: hacer gestiones, preparar la comida, llevar a los niños en coche de un lado a otro, pagar facturas y trabajar horas extra. A veces cuesta recordar por qué hacemos lo que hacemos —el sentido oculto tras los detalles, la motivación más allá del mero vivir un día más. Me hace pensar en una excursión por una selva tan densa donde abrirse camino acaba siendo más importante que saber a dónde nos lleva. En este tipo de excursiones, no es difícil perder la motivación para continuar viaje.

Si yo les preguntara a ustedes qué es lo que más les importa en este viaje, me imagino que responderían como lo hacemos muchos: Dios, la familia, los amigos, la iglesia, el trabajo. *Sin embargo, si les preguntara si sus vidas son significativas, ¿qué responderían?* Cuando llevan a sus hijos al colegio, o cuando van y vuelven del trabajo cada día, cuando pagan las facturas y salen a comprar las cosas de la casa, puede que no sea una experiencia particularmente trascendente, aunque todo eso forme parte de nuestra vida cotidiana. Ahora bien, ¿no saben acaso que Dios los creó para algo más grande? A medida que pasan los días, ¿buscan ustedes un sentido a la vida, una vida llena del apasionado propósito que nos ha dado Dios?

La pregunta, desde luego, no es nueva. En su carta a los corintios, Pablo nos recuerda a todos que tengamos la vista puesta en la meta final, no en los obstáculos que encontramos por el camino:

> ¿No sabéis que los que corren en el estadio, todos a la verdad corren, pero uno solo se lleva el premio? Corred de tal manera que lo obtengáis. (1 Corintios 9:24)

Para encarnar aquella vida gratificante para la que fuimos creados, debemos tener la vista fija en el premio. Esto lo conseguimos centrándonos en nuestro propósito en la vida, definido por el Creador. Lo conseguimos viviendo cada día conscientes de su trascendencia eterna.

Como el agua fresca para un corredor exhausto, *Una vida con significado* renovará nuestro espíritu mientras buscamos lograr que cada día tenga algún significado. Aunque ya vivamos con un sentido de la trascendencia, o aunque nos esforcemos a descubrir lo que de verdad es significativo, el poderoso mensaje que entraña este libro nos inspirará. Hace más de veinte años que conozco a mi cuñado, Jim Graff, y lo considero un hermano. Tiene una pasión por encontrar el potencial de los individuos, las iglesias y las comunidades con el fin de que descubran su propia trascendencia. Jim es, sin duda, portador de un mensaje que el Señor ha grabado a fuego en su corazón, un mensaje relevante, significativo y capaz de cambiar nuestras vidas.

A Jim le fascina ayudar a las personas a encontrar lo que en ellos es significativo como individuos únicos, para que puedan canalizarla hacia objetivos eternos. Entiende cómo nuestra naturaleza humana y nuestra cultura saturada de medios de comunicación nos presionan para compararnos con otros y, de ahí, sacar la conclusión de que no damos la talla. En *Una vida con significado*, Jim nos ayuda a ir más allá de la mentalidad de lo-más-grande-es-lo-mejor y a descubrir la satisfacción que sentimos en el alma cuando vivimos nuestras propias identidades como portadoras de la imagen de Dios. Con un profundo conocimiento bíblico y con ejemplos personales, Jim inspirará a los lectores a que exploren su vida en profundidad, y los orientará en cinco aspectos claves y necesarios para desarrollar su significado personal.

La vida puede plantear grandes y dolorosos desafíos y traer desilusiones inevitables. Sin embargo, con nuestra fe enraizada profundamente en Dios y nuestra identidad anclada en el propósito especial para el cual fuimos creados, podemos vivir con una alegría y una paz que el mundo nunca podrá darnos. Si ustedes quieren realizar ese potencial eterno para el que han sido creados, les recomiendo la lectura de este libro. Si necesitan un apoyo para seguir adelante en el viaje de una vida definida por un propósito, el mensaje de Jim los animará. Creo sinceramente que vivirán un cambio fundamental al compartir con el autor el goce de vivir una vida con significado.

— Joel Osteen

Agradecimientos

A tantas personas que han formado parte de mi vida y que han contribuido a este proyecto, quiero expresar mi más sincero agradecimiento y mi profunda gratitud. Gracias:

A Dudley Delffs, amigo y editor de mucho talento, que ha hecho de este proyecto una experiencia muy agradable.

Al equipo de trabajo de WaterBrook con que he tenido el placer de trabajar, y que ha creído en mí y en las personas y lugares olvidados del mundo.

A Tom Winters, por ayudarme a convertir este proyecto en una realidad.

A David Swann, Duane Sheriff, Mike Connaway, Mike Ewoldt, Mark Harrell, Pat Butcher, pastores y compañeros que han compartido una visión y han trabajado con ahínco conmigo en la creación del Significant Church Network.

A Rob Kobe, Tom Newman, Mark Crow, Ron Luce, amigos que Dios me ha dado y que han sido una fuente permanente de estímulo y de apoyo para mí en los últimos veinte años.

A mi equipo de trabajo en Faith Family Church, por el amor y la dedicación constante a la obra de Dios. Es una alegría trabajar con ustedes en la realización de los designios de Dios.

A Faith Family Church. Cualquier pastor consideraría una bendición contar con una comunidad como ustedes. Gracias por el amor, las oraciones y la fiel compañía que me han brindado en los últimos diecisiete años. Son ustedes los mejores.

A mi suegra, Dodie Osteen, y a la familia Osteen, por ser grandes ejemplos tanto en la vida como en su ministerio.

A mi madre, Jean Graff (1932–1985), y mi hermano mayor, Ken Graff (1955–1994), por alimentar mis sueños porque me amaban.

A mis tres hermanas, Karen, Sharon y Linda, por llenar mi vida de recuerdos especiales y por su indeclinable amor y apoyo.

A mis cuatro hijos, Michael, Andrea, Emily y Geoffrey, la alegría de mi vida. No es fácil superar mis sueños, pero ustedes lo han hecho como hijos.

A mi mujer, Tamara, la mujer de mis sueños y la mejor amiga que he tenido. Consigues que la vida sea más maravillosa en todos los sentidos.

Una vida con *significado*

Introducción

¿Lo más grande siempre es lo mejor?

A principios de los años noventa, me hallaba sumido en una crisis, aunque no el tipo de crisis que las personas en seguida se imaginan. En esa época, llevaba varios años sirviendo en Faith Family Church, en Victoria, Texas, y el Señor nos había colmado con su bendición. La iglesia aumentó de doscientos cincuenta miembros a varios cientos más de fieles. Como muchos de nosotros, ya sea en nuestro ministerio o en el mundo empresarial, yo había llegado a creer que lo más grande siempre era lo mejor, de modo que interpretábamos nuestro crecimiento como un éxito. ¿Era verdad?

Al terminar la universidad, no estaba seguro si Dios me llamaba a dedicarme plenamente a mi ministerio. Por eso decidí trabajar en una misión y prediqué en África y Europa. Cuando volví, sentí que el Señor me llevaba hacia el ministerio pastoral, y conté, para esta empresa, con el aliento de amigos y familia. No pasó mucho tiempo antes de que Dios me llamara a Faith Family Church, una pequeña comunidad en el sudeste de Texas. Como yo había crecido en una comunidad rural de Pennsylvania, descubrí que el tamaño de la iglesia era perfecto ya que yo nunca había querido perder esa sensación de pertenecer a una comunidad de pueblo pequeño.

Sin embargo, el problema era que la mayoría de mis compañeros se habían integrado a megaiglesias con miles de miembros. Con sólo unos cuantos cientos que atendían los servicios de Faith Family Church en aquella época, esa diferencia numérica parecía, en cierto sentido, un fracaso. Al parecer, yo tenía que trabajar como pastor en una iglesia más grande y mejor dotada. ¿No era esa la manera de constatar que estaba haciendo un buen trabajo? ¿No nos sucede a la mayoría, independientemente de nuestra profesión, que medimos nuestro éxito según el aumento de nuestros números?

Y un día se presentó mi oportunidad. En 1993, un pastor y amigo de mi suegro me dijo:

—Jim, me dispongo a hacer entrega de mis funciones para que me releven de la obra de toda una vida. Me gustaría que consideraras la posibilidad de hacerte cargo de mi iglesia.

Les diré una cosa, esa iglesia era el sueño de cualquier pastor. Unos dos mil miembros activos, un equipo grande, estabilidad económica y más pastores de lo que podría imaginar. Por la gracia de Dios, aquella era mi oportunidad. Ahora podía tener lo que yo creía desear. De modo que, convencido de que diría que sí, viajé a Arlington, Texas, pero me fui con la sensación de que algo, de alguna manera, no estaba bien. Sin embargo, no conseguía entender qué era.

LOS CAMPOS DE FÚTBOL Y LA FE

Sabía que Dios tenía un plan para mi vida, que me había llamado, me había formado en su ministerio, me había llevado a la experiencia de las misiones y luego bendecido con un éxito temprano que me abría las puertas a mejores oportunidades. Y, ahora, esta mudanza a Arlington era el siguiente paso, dentro de esa lógica… ¿no? No obstante, algo me daba vueltas por dentro y, para serles sincero, me sentía un poco decepcionado de mí mismo por no estar saltando de alegría con aquella oportunidad. Quería que mi existencia fuera como la del rey David, cuya vida estudiaremos en este libro y cuyo divino reinado influyó en su generación de manera importante. Por ende me preguntaba qué era lo que me retenía. Con el tiempo, he llegado a creer que los pastores, como la mayoría de nosotros, libran una batalla entre lo que desean y lo que tienen, y yo no estaba seguro de que lo que tenía en ese momento (una iglesia más pequeña) era lo que deseaba. Pero, para ser fiel a la verdad, incluso después de haberme encontrado ante la oportunidad de tener lo que creía desear (una megaiglesia), seguía sin sentirme satisfecho.

Cuando volví a Victoria, mi cuñado me invitó a una cacería en Arkansas, lo cual prometía ser una gran diversión. Mientras conducía hacia el norte de Texas, pude entrever el motivo de mi malestar. Pasando por un pequeño pueblo tras otro, en la sucesión de campos de fútbol americano que veía a lo largo del camino, descubrí una verdad acerca de mi dilema. Cualquiera que haya visto *Friday Night Lights* sabe lo que significa el fútbol americano para la gente de Texas. Somos grandes amantes de ese deporte y apoyamos a nuestros equipos con todo lo que tenemos. En casi todos los pueblos por donde pasé, había un estadio de fútbol americano en el centro, como un lugar de culto que consagra nuestra historia de amor con ese deporte. Pero a medida que dejaba atrás esos pequeños pueblos, observé que los grandes estadios, levantados con los mejores materiales y técnicas de construcción, estaban situados en medio de comunidades con iglesias que luchaban por subsistir.

Aquellas iglesias simbolizaban la otra cara de la vida de la iglesia y me hicieron entender por qué tenía que quedarme en Faith Family Church. Aquellas iglesias estaban dirigidas por pastores o líderes que tenían una importante tarea entre manos. Era probable que sus iglesias nunca alcanzaran el tamaño de muchas iglesias en las grandes ciudades, pero no por eso dejaban de tener su importancia singular. Si asumían ese rol, podían influir de muchas maneras significativas a un mayor porcentaje de personas en sus pueblos que las iglesias de las grandes ciudades.

Y entonces entendí algo acerca de mí mismo: mi infancia en la zona rural de Pennsylvania, mi gusto por las pequeñas comunidades y mi malestar en las grandes ciudades. Dios me había hecho así. Eran los rasgos que apuntaban a sus designios para mí, y ahora tenía la posibilidad de enriquecer a mi pequeña iglesia, así como a otras iglesias pequeñas, e incluso a individuos, que quizá se debatían ante la duda de si lo más grande es siempre lo mejor.

Poco después de volver a casa de ese viaje, llamé a los integrantes de mi equipo. Entre nosotros, siempre había dicho, "Quiero que Faith Family Church sea un lugar donde puedan venir mis amigos". No sólo mis amigos cristianos sino aquellos amigos que yo sabía necesitaban un lugar acogedor para aprender acerca de Dios. Quería que mi iglesia aceptara a la gente de nuestra comunidad local. Si las personas se sienten aceptadas, acabarían preguntando por la razón de nuestra fe y, era de esperar, entrarían a formar parte de nuestra iglesia.

Fue así que decidí pedir a mi iglesia que soñáramos con un equipo de colaboradores variado que llegaran a las personas de nuestra área según sus diversos dones e intereses. Quería que fuéramos más allá de nuestros talentos individuales y nos empezáramos a centrar en nuestras habilidades colectivas y en cómo, juntos, podíamos reflejar a Cristo en nuestro pueblo. En pocas palabras, sentí que Dios me llamaba para que hiciera de Faith Family Church una influencia importante en nuestra comunidad, sin que importara nuestro tamaño.

En una escala más grande, mi corazón se volcó hacia las personas olvidadas en Estados Unidos y en todo el mundo. Después de una investigación muy somera, supe que en Estados Unidos hay noventa millones de personas que viven en pueblos y pequeñas ciudades. Si esos noventa millones se consideraran un solo país, serían el decimotercer país más poblado del mundo. Es un dato sumamente importante.

Pensé que encontraríamos a unos creyentes heroicos que en esas iglesias más pequeñas trabajaban impulsados por la fe, y los encontramos. Pero también me pregunté si encontraríamos ciudades más pequeñas y pueblos con necesidades aún más acuciantes de un apoyo. Y la verdad es que los encontramos. Esos descubrimientos me hicieron reflexionar aún más profundamente sobre lo significativo y, con el tiempo, he llegado a pensar que *ahí donde no ha sido descubierto lo significativo, el potencial permanece inexplorado.* Por eso esas iglesias tenían que saber que eran vitales para los planes de Dios. Más del 80 por ciento de las iglesias en Estados Unidos tienen menos de doscientos fieles. ¿Qué pasará en nuestro país si pierden la esperanza?

Menos del 2 por ciento de los habitantes de Estados Unidos asisten a megaiglesias, lo cual significa que la mayoría de los cristianos de Estados Unidos se están formando como discípulos en las iglesias pequeñas, tan necesarias, que deben prosperar si queremos cumplir con la voluntad de Dios. En Faith Family Church pusimos manos a la obra pensando en ellos.

Ciudades más pequeñas, mayor impacto

El movimiento cobró forma en el año 2000, cuando llevamos a cabo un estudio en más de dos mil condados en Estados Unidos. Si bien nuestra idea a la larga consiste en ayudar a construir comunidades en la fe relevantes en todos los pueblos olvidados del mundo, empezamos con Estados Unidos, y nuestro objetivo era sencillo: sondear el estado de las iglesias en la vida de los pequeños condados de Estados Unidos y diseñar medios para fortalecerlas.

Y 2000 fue un año extraño. Recordemos los estados "rojos" que convirtieron la elección presidencial en un frenesí. Recordemos los medios de comunicación nacionales dando resultados de la elección Bush-Gore por la noche y luego retractándose horas más tarde. El mismo año en que decidimos averiguar qué estaba pasando en los pequeños pueblos de Estados Unidos, los pequeños pueblos de Estados Unidos estaban empezando a figurar en el mapa político y social. Para nosotros, en Faith Family Church, las elecciones ponían de relieve la importancia de la voz de esta comunidad, del potencial que se preparaba para ser canalizado a favor del reino de Dios.

El estudio nos reveló más cosas de las esperadas, y yo tuve la oportunidad de entrar en contacto con dirigentes de iglesias que llevaban a cabo un trabajo del que no se sabía prácticamente nada. El estudio también nos demostró que las personas en cualquier sitio, sobre todo en las zonas rurales y en los pequeños condados de nuestro país, quieren tener la certeza de que son importantes y que lo que hacen es relevante. Los que anhelan saber que dedican su vida a algo que merece la pena no son sólo los pastores, ni aquellas personas dedicadas de lleno al ministerio de la fe.

Es una buena noticia. *Todos* queremos marcar una diferencia en nuestras familias, en nuestro empleo, en nuestros lugares de culto, en nuestros barrios y en todos aquellos planos en que se desenvuelve nuestra vida. Pero hay una noticia aún mejor: *somos capaces* de marcar una diferencia importante. Al igual que el rey David de hace siglos, podemos cambiar el mundo en que vivimos, y eso es lo que nos decía el estudio. Veíamos como blanco sobre negro todos aquellos que honran a Dios reflejándolo en su vida y que se realizan tal como Él los creó son personas que pueden tener un impacto. Vivir una vida con significado no consiste sólo en construir iglesias más grandes o en reunir más fondos o en aumentar el número de fieles. Se trata de llegar a ser tal como Dios nos creó y vivir plenamente en su imagen como hijos suyos que somos. Entonces descubriremos nuestro potencial y realizaremos nuestro propósito en la vida.

Quizá el lector o la lectora se sienta escéptico a estas alturas. "Todo eso está muy bien, Jim", dirá, "pero mi fe en este momento está pasando por una crisis, y la vida, en realidad, no tiene nada de especial. Ustedes, los pastores, seguramente le encuentran un sentido a la vida, pero yo vivo en el mundo real". Amigo mío, es usted precisamente la persona para la que escribo, como también escribo para líderes de la iglesia que quizá ya tengan una idea de lo que es significativo en su vida. Todos debemos comprender que, para ser importantes, no tenemos por qué vivir una vida llena de glamour bajo los focos de los medios de comunicación. No tenemos por qué ser ricos, vestirnos a la moda de los diseñadores o comprarnos el último SUV para ser importantes. No necesitamos un título, ni estudios avanzados, ni una invitación a la Casa Blanca. Este libro está escrito para personas como usted, que quieren darle un contenido a sus relaciones, que quieren vivir felices y satisfechos en la medida que dedican sus vidas, creyendo que Dios nos ha ungido para vivir —día tras día—, vidas con un propósito y un sentido. Este libro no es un compendio de promesas o fórmulas. Es un libro concebido para ayudarnos a explorar nuestro potencial y a ser fiel a lo que hay de significativo en nuestras vidas.

¿Y, por dónde comenzamos? En nuestra iglesia, nos reunimos una vez al año y soñamos. Nuestro punto de partida para soñar se puede encontrar en los Efesios: "Y a aquel que es poderoso para hacer todas las cosas mucho más abundantemente de lo que pedimos o entendemos, según el poder que actúa en nosotros, a él sea gloria en la iglesia en Cristo Jesús por todas las edades, por los siglos de los siglos. Amén". (3:20–21).

Queremos que las personas vean a Dios presente de una manera especial, y sabemos que la Biblia señala claramente cómo esto ocurre. Queremos que se desate el poder de Dios de "hacer incomensurablemente más que todo lo que podamos pedir o imaginar", mientras nos conduce y nos orienta. Creemos que la historia ha confirmado lo que tenemos por verdad, y todos los años el grupo me recuerda que debemos perseguir sueños que nos recuerden la necesidad de trabajar juntos con Dios.

UN SIGNIFICADO ETERNO PARA HOY

¿Dónde comenzaremos para encontrar lo verdaderamente significativo para cada uno de nosotros, para vivir una vida llena de sentido y que nos permita realizarnos en nuestro potencial eterno todos los días? Creo que el fruto de este significado comienza con las semillas de la esperanza que Dios ha puesto en todos nosotros. Como David, empezamos cuidando esas semillas y las cultivamos en cinco aspectos clave: desarrollar *la confianza,* ser una persona de *carácter; concentrarse* en la voluntad de Dios, *cooperar* con Dios (y con otros) en la realización de sus planes, y participar en la *comunidad.*

Los invito a acompañarme en un emocionante viaje de descubrimiento y de crecimiento personal donde exploraremos lo que significa vivir la vida para la cual Dios nos creó. Aprenderemos de ejemplos de algunas personas notablemente trascendentales, de algunos famosos y otros de los que quizá no hayamos ni oído hablar, de personajes de la Biblia y otros de la vida cotidiana, realizando nuestro potencial divino todos los días de maneras que cambiarán nuestra vida y las vidas de quienes nos rodean.

Pasemos la página y demos el primer paso para ser quienes estamos destinados a ser, alguien especial que vive una vida con significado.

Primera Parte

La confianza

Mas yo en tu misericordia he confiado;
Mi corazón se alegrará en tu salvación.
Cantaré a Jehová,
Porque me ha hecho bien.

Salmos 13:5-6

CAPÍTULO 1

La confianza para soñar

Como pastor, a menudo tengo el privilegio de estar presente en la habitación cuando una persona fallece y pasa a una nueva vida. He compartido estos momentos de intimidad con ancianos y con aquellos que consideraríamos demasiado jóvenes para morir, con hombres y mujeres, con quienes dejan herencias de millones de dólares y con los que apenas tienen suficiente dinero para salir adelante. En todos los casos, la experiencia me ha permitido constatar que las personas en su lecho de muerte no manifiestan el deseo de haber dedicado más horas al trabajo. Sin embargo, mi encuentro con un señor de edad, al que llamaré Bill, me hizo reflexionar más profundamente sobre esta verdad.

Bill había vivido una vida que cualquiera de nosotros consideraría significativa. Era cristiano de por siempre y llevaba cuarenta años casado; era un padre y abuelo abnegado, un hombre de exitosos negocios y un líder en nuestra comunidad. Sin embargo, a medida que el cáncer lo consumía, Bill comenzó a preguntarse por lo que había hecho con su vida y las decisiones que había tomado a lo largo del camino. Durante una de nuestras conversaciones, cerca del final, Bill me dijo: "Desde luego, no quisiera haber trabajado más en esta vida, pero sí haber tenido la confianza para trabajar con más ahínco en pos de las cosas que más importan".

Le pedí que se explicara.

—Cuando crecí —me dijo— había mucha incertidumbre en el mundo. No teníamos la libertad para descubrir quiénes éramos ni qué queríamos hacer. Hacíamos lo necesario, lo que se esperaba de nosotros. —Bill se explayó y me describió su pasión por el béisbol, pasión que los dos compartíamos, y me contó cómo su padre había hecho trizas sus sueños de llegar a ser jugador profesional—. No me habría importado no jugar en las grandes ligas —concluyó—. Pero me habría gustado tener la confianza para intentarlo. —Antes de seguir, hizo una pausa—. Si algo he hecho por mis hijos y nietos, espero que haya sido darles la seguridad en sí mismos para que estén dispuestos a correr riesgos.

Mi encuentro con Bill me hizo pensar en mi propia infancia y en cómo mis padres me estimularon y me permitieron correr riesgos. Y, desde luego, me quedé con la misma convicción que había expresado Bill, esperando que pudiera despertar en mis hijos el mismo tipo de seguridad, el tipo de chispa necesaria para iluminar sus sueños. También me obligó a pensar en el papel que desempeña la confianza cuando se trata de vivir una vida con significado.

La falsa confianza

Quizá el lector se sorprenda porque indaguemos en la vida con significado empezando por el tema de la confianza, una virtud que normalmente se adquiere con la experiencia y que, por lo tanto, parecería más apropiado abordar en una sección posterior del libro. Sin embargo, en mis relaciones con tantas personas a lo largo de los años, muchas me han comentado que lo que más les impide vivir una vida con más significado es la falta de seguridad y confianza.

Mientras pensaba en cómo este obstáculo debilita a las personas, me vino a la cabeza la figura del estafador. Los hombres o mujeres que estafan tienen tanta seguridad y confianza en sus dotes como actores que intentan engañar a la gente para que les den dinero. Y con mucha frecuencia lo consiguen. Se valen de su falsa confianza para conseguir beneficios egoístas, no éticos y, a menudo, ilegales, en lugar de alcanzar las metas significativas que Dios nos plantea. ¿Cuánto más firme, entonces, debería ser nuestra confianza cuando perseguimos objetivos más dignos? ¿Acaso no deberíamos tener más confianza que el más consumado estafador? ¿Cómo se explica que la auténtica confianza sea un bien tan escaso?

Muchas personas me dicen que a menudo se imaginan viviendo vidas más auténticas, más gratificantes, pero que los pasos necesarios para llegar hasta allí son muy difíciles. O que no están seguras de cómo abordar algo que sólo pueden atisbar mentalmente. O temen que la vida significativa que se imaginan no es lo que Dios quiere para ellos.

Más allá de las particularidades de cada intento, muchas personas sienten que les falta lo necesario para arriesgar su seguridad y entregarse de todo corazón a lo que Dios les ha destinado. Por eso creo que para vivir nuestra vida con más significado, tenemos que encontrar la manera de reavivar el fuego de sueños que hemos dejado apagarse con los años. Quizá cuando éramos más jóvenes, nos era más fácil imaginar que alcanzaríamos grandes objetivos y sentir que seríamos personas exitosas. Sin embargo, a medida que las tareas de la vida cotidiana —las facturas por pagar, los hijos que hay que educar, las exigencias de nuestro trabajo y la responsabilidad de cuidar de nuestros seres queridos— nos desgasta, nos cuesta creer que el proceso importe tanto como la meta, que parece tan lejos de nuestro alcance.

¿Cómo podemos avanzar desde donde nos encontramos ahora hacia aquello para lo que hemos sido creados, hacia los sueños de lo mejor para nuestras vidas? Estoy convencido de que la confianza es una piedra angular y, por lo tanto, un buen punto de partida, en la creación de una vida con significado. La confianza es una piedra fundacional en diversos sentidos, sobre todo por cómo nos hace relacionarnos con Dios y con los demás, los dos vectores vitales de nuestra vida con significado.

La confianza y los sueños que la alimentan pueden ser el sustento de nuestra fe cuando nos sentimos rodeados de obstáculos. Y la confianza divina —a partir del conocimiento de Dios— nos recuerda que en nuestras vidas suceden más cosas de lo que se ve superficialmente. Dios tiene grandes planes para nosotros y quiere que seamos osados y encarnemos aquello para lo cual nos creó. Cuando la vida parece difícil y tenemos que luchar, la confianza en algo más grande que nosotros mismos nos ayuda a perseverar. De la misma manera, la gente que nos rodea y que constituye nuestra comunidad también moldea nuestra confianza al recordarnos quiénes somos y cómo trabajar unidos para alcanzar objetivos más grandes de lo que ninguno de nosotros podría lograr solo.

De hecho, este mensaje constituye el núcleo de este libro: *Cuando aceptamos plenamente cómo nos creó Dios y somos fieles en nuestra comunidad a los propósitos que él tiene para nosotros, nuestras vidas se convierten en una fuente de realización.* Las preguntas o reproches que tengamos sobre cómo vivir la vida de cada día desaparecen en cuanto vemos las diferencias eternas que establecemos. De modo que quizá no exista mejor punto de partida para nuestra búsqueda de una vida con significado que analizar cómo nuestros sueños y los sueños de otros nos alientan en nuestro camino hacia una vida con significado.

Soñar un pequeño sueño

En la cultura empresarial de nuestro siglo XXI, a menudo se nos estimula para que soñemos en grande. Pareciera que vivir el sueño americano implicara progresar con los propios medios, tener éxito gracias a las propias habilidades y luego disfrutar del bienestar recién hallado. En muchos sentidos, nuestro país se construyó con esta ética del trabajo, y es indispensable que las personas asuman la responsabilidad de lograr sus objetivos para hacerlos realidad. Sin embargo, me pregunto si al centrarnos únicamente en la realización de nuestros sueños personales, no nos estaremos perdiendo algo más importante. Como se verá, yo creo que los sueños que nos da Dios están hechos para ser compartidos y que su misión es llevar la gloria al reino de Dios y la abundancia a quienes nos rodean. Veremos que en las Escrituras esta verdad queda demostrada una y otra vez.

También he observado, por mi propia experiencia y en las vidas de otras personas, que los sueños deben comenzar por ser pequeños antes de que puedan "crecer" y convertirse en grandes sueños. De hecho, antes de que usted o yo podamos sentir la confianza suficiente para avanzar siguiendo la estela de nuestros sueños, primero tenemos que saber distinguir entre un verdadero sueño y una fantasía, entre un deseo y un capricho pasajero. Una cosa es desear jugar en la final de la Gran Liga, y otra es ver que ese deseo se transforma en una vocación y luego en un sueño hecho realidad y compartido por otros.

También tenemos que aprender a distinguir entre un sueño egoísta y un sueño que nos ha dado Dios. ¿Cómo sabemos cuándo nuestros sueños concuerdan con la voluntad del Padre? ¿Cómo distinguimos entre un sueño caprichoso y un sueño que tiene un significado eterno como punto de partida de nuestra acción?

Quizá un buen punto de partida para analizar este aspecto sea la iglesia cristiana en sus inicios y el sermón de Pedro en Pentecostés. En Hechos 2:17, Pedro cita el libro de Joel, del Antiguo Testamento:

> Y en los postreros días, dice Dios,
> Derramaré mi Espíritu sobre toda carne,
> Y vuestros hijos y vuestras hijas profetizarán;
> Vuestros jóvenes verán visiones,
> Y vuestros ancianos soñarán sueños.

Antes de reflexionar sobre el significado de este mensaje, es importante recordar quién habla. Como se recordará, Pedro niega conocer a Jesús horas antes de su crucifixión. ¡Y ahora resulta que el mismo Pedro se encuentra predicando a otros seguidores de Cristo! Ese vuelco suyo sin duda nos recuerda que, aunque nos apartemos de los propósitos para los que Dios nos creó, nunca es demasiado tarde para volver a nuestros sueños. Es probable que Pedro haya tenido dudas acerca de su lugar en aquel grupo y que no estuviera seguro de si los demás estaban dispuestos a confiar en él. Sin embargo, en esta importante ocasión, cuando el Espíritu Santo desciende durante Pentecostés, Pedro habló seguro de sí mismo y condujo a la iglesia a una nueva era de trascendencia.

Ahora propongo que nos centremos en el mensaje de Pedro, donde anuncia que en los postreros días los jóvenes tendrán visiones, mientras que los ancianos soñarán sueños. La diferencia que Pedro establece entre las dos condiciones pone de relieve una diferencia importante para nosotros. Creo que, en este contexto, una visión es algo que los individuos imaginan para sus propias vidas. Una visión es algo para cuya realización los jóvenes tienen la fuerza necesaria, y el tiempo para invertir en ella. Por otro lado, este pasaje da a entender que los sueños son algo que compartimos en una red formada por las vidas de los demás.

Las visiones y los sueños funcionan juntos, de la misma manera que los individuos se unen para formar comunidades que pueden hacer realidad lo que podría parecer el sueño imposible de una sola persona. Una de las razones por las que aprecio este pasaje es porque destaca con mucha claridad la importancia tanto de los jóvenes como de los mayores en nuestras comunidades. En nuestra cultura nos despreocupamos de nuestros mayores con demasiada facilidad. A veces los vemos como seres que ya han vivido su tiempo útil y han perdido contacto con nuestra realidad presente. Este fragmento pone de relieve el importante papel que pueden desempeñar los ancianos en una comunidad saludable.

Esta cita nos cuenta de la existencia de ancianos que, incluso en sus años postreros, han mantenido vivos los mecanismos de sus sueños. Ellos no ven su papel en la sociedad como acabado, ni ven sus vidas como algo incierto o insignificante. Puede que no tengan el tiempo, los recursos ni la fuerza para hacer realidad sus sueños, pero siguen soñando con un futuro mejor. También saben que al inculcar esos sueños en los corazones y las mentes de las generaciones jóvenes, no sólo realizan su propia trascendencia personal sino que también transmiten las semillas de lo significativo y de la confianza a esa generación más joven. Esos sueños heredados se convierten en visiones para personas que tienen el tiempo, la fuerza y los recursos para convertir los sueños en realidad. Los proverbios les recuerdan sin cesar a los jóvenes que deben escuchar las palabras de los ancianos sabios para alcanzar la sabiduría. No hay nada como el estímulo de la experiencia y la sabiduría para engendrar la confianza en los corazones jóvenes.

Una vuelta en "U"

Quizá un segundo ejemplo aclare aún más esta diferencia entre las visiones personales y los sueños colectivos. Como he comentado en la introducción, quisiera poner a David como ejemplo de una vida recta y significativa, no porque fuera un ser perfecto sino porque era un ser tan humano. Amaba a Dios y deseaba servirlo, aunque también luchaba contra sus propias debilidades, sus fracasos y pecados. David también sirve a nuestros propósitos porque las Escrituras nos relatan su historia con abundancia de detalles. Vemos en la vida de David a un hombre que persigue el propósito dado por Dios en una comunidad, y que lucha por conseguirlo.

Al profundizar en el análisis, veremos que la confianza de David se alimentaba de manera singular, entre otras cosas, de los sueños de sus mayores. Pensemos, por ejemplo, que para validar la llamada que le había lanzado al joven elegido, Dios buscó a Samuel para que lo escogiera como el próximo rey. La historia comienza con el predecesor de David, el rey Saúl, que cayó en desgracia ante Dios debido a su actitud de desobediencia. Por esto, Saúl pierde el fuego y el propósito que le ha dado Dios y éste debe corregirlo. Lo hace a través de las palabras de Samuel, el mismo profeta al que Dios recurrió para nombrar rey a Saúl. Esta vez, no obstante, las palabras de Samuel obligan a Saúl a enfrentarse a sus defectos y a entender que será reemplazado como líder elegido por Dios.

Samuel sintió pesar por tener que amonestar a un gran hombre por sus fracasos. Sin embargo, también sintió una emoción especial al participar en el nombramiento de un hombre más joven, un pastor originario del remoto pueblo de Belén. Con la designación de Samuel —la señal de que Dios lo ha elegido para ser el próximo rey— David recibe una confirmación que despierta una visión en su corazón. Gracias a esa visión, las tribus de Israel se unen y la nación vive un renacimiento espiritual. A través de David y sus descendientes, Dios consiguió algo más grande de lo que jamás soñaron todos los ancianos de Israel.

Sin embargo, Samuel, David y quienes los rodean en este relato no podían saber todo lo que les esperaba mientras lidiaban con este giro de acontecimientos. Las Escrituras dejan muy claro que Samuel tuvo un conflicto consigo mismo al verse elegido para la misión de amonestar a Saúl. Quizá, de alguna manera, Samuel se sentía responsable, puesto que él mismo había consagrado a Saúl como rey para empezar. También es posible que Samuel se sintiera demasiado vinculado al reino de Saúl para anticiparse a los designios de Dios. Quizá incluso le reprochara a Dios por haberle hecho elegir a alguien que más tarde —Dios lo sabía— habría de fracasar. Más allá de estos sentimientos encontrados, Dios no permitió que el pesar de Samuel alterara sus designios:

> ¿Hasta cuándo llorarás a Saúl, habiéndolo yo desechado para que no reine sobre Israel? Llena tu cuerno de aceite, y ven. Te enviaré a Isaí de Belén, porque de sus hijos me he provisto de rey. (1 Samuel 16:1)

No puedo dejar de pensar que las palabras de Dios en este pasaje tienen una gran relevancia para las transiciones en nuestras vidas, cuando pasamos de la tristeza del pasado a las alegrías del futuro. Para muchos de nosotros, esta vuelta en "U" suele ser el punto de partida para una vida más trascendente. Tenemos que dejar atrás las esquinas de nuestro pasado, incluyendo nuestras decepciones y fracasos, para adentrarnos en las oportunidades del futuro.

Sin embargo, ocurre demasiado a menudo que sentimos la tentación de estar dolidos mucho más de lo que se merecen nuestras pérdidas, y acabamos hundiéndonos en la autocompasión. No quiero decir que a Samuel le ocurriera eso. Sólo deseo señalar que después de un gran traspié en la vida, nos cuesta imaginar un futuro prometedor. Tampoco quiero quitarle importancia al dolor, un dolor que, en nuestra cultura hiperveloz, a menudo reivindicamos con dificultad. Pero incluso cuando es real y necesario, Dios no permite que, llevados por nuestro dolor, nos alejemos de sus bondades. El hecho de que fracase un matrimonio no significa que fracasarán todos. El hecho de discutir con nuestros hijos no significa que tengamos una mala relación con ellos. El hecho de que una empresa tenga que soportar un período de escasa actividad no significa que, con el tiempo, no volverá a hacer negocios florecientes.

Cuando las desilusiones obstruyen o distorsionan nuestra perspectiva del futuro, no obstante, la reacción en cadena es una realidad. La gente a nuestro alrededor también se obsesiona con sus propias desilusiones y fracasos. Y, dado que estamos bloqueados, no podemos ver hacia dónde nos lleva Dios ni los planes que tiene para nosotros. Y cuando los que nos rodean también están bloqueados, no tienen sueños que compartir con nosotros. Cuando estamos bloqueados, la mera gestión de nuestros fracasos en la vida parece mucho más fácil que arriesgarse a un fracaso en el intento de conseguir que se cumplan nuestros sueños. Sin embargo, cuando nos deshacemos de nuestras desilusiones y superamos nuestro dolor en lugar de aferrarnos a él, nos abrimos a nuevos sueños. Entonces podemos compartirlos y transmitirlos a quienes nos rodean.

La confirmación de Dios

Nunca olvidaré cómo lo viví yo personalmente. Poco después de volver de aquella cacería en Arkansas y de que mi congregación se solidarizara conmigo en la proyección de una visión para las iglesias más pequeñas de Estados Unidos, un gran hombre de Dios llamado TL Osborn vino a nuestra iglesia. Para quienes no lo saben, TL Osborn es un evangelista que ha predicado por todo el mundo. Es probable que, de su generación, sólo Billy Graham haya hablado en persona ante un público más numeroso.

Después de los cultos ese domingo, el reverendo Osborn se presentó en mi oficina. El fuego y la pasión que vi en su mirada me consumieron hasta tal punto que casi tuve miedo. Él conocía nuestra visión de las iglesias más pequeñas en lugares olvidados, y sabía del trabajo que llevábamos a cabo para darles relevancia.

—Jim —dijo—, ésta es la visión más entusiasta que he conocido en mucho, mucho tiempo. Las iglesias como ésta están empezando a echar raíces en los pueblos del mundo. Los países pequeños están abandonados y necesitados, y tienes que conseguir que esta iniciativa siga adelante.

Vaya, ¿estaría bromeando? Justo después de que Dios me transmitiera este sueño, lo confirmó trayendo a mi oficina a uno de los oradores más notables de su reino. ¿Qué más podía pedir como confirmación después de este voto de confianza de alguien que conocía lo que estaba sucediendo en las iglesias más pequeñas en todo el mundo? Además, cuando una persona importante se acerca a las vidas de la gente común, éstas se creen más grandes. Es por eso que los líderes devotos como Samuel deben tener la mirada puesta en los sueños que les transmite Dios. Su afirmación de dichos sueños enciende la confianza en los corazones de quienes los rodean.

Puedo decir que cuando el reverendo Osborn entró en mi vida, confié en él no sólo porque era una persona importante, sino porque este hombre de gran estatura moral le hablaba a mi pequeña visión. A través de su afirmación, Dios confirmaba nuestro proyecto. Supe entonces que nuestro sueño —y realmente parecía un sueño porque era tanto más grande de lo que nosotros podíamos lograr— era un sueño de Dios y que nos orientábamos en la dirección correcta.

A menudo nos falla la confianza cuando nos embarcamos en el arduo ajetreo de todos los días, necesario para convertir un sueño en realidad. Nos inquietamos al encontrarnos rodeados de árboles, y perdemos de vista el bosque a través del cual vamos abriendo un camino. Sin embargo, si miramos hacia el Señor para que nos oriente y le consagramos nuestros sueños, entonces podemos esperar que confirme aquello que él mismo ha empezado. Como nos recuerdan las Escrituras: "El que comenzó en vosotros la buena obra, la perfeccionará hasta el día de Jesucristo" (Filipenses 1:6).

Nuevas inversiones

Cuando Dios nos ayuda a no quedarnos atrapados en el pasado, nos orienta hacia nuevas inversiones que darán su fruto cuando llegue el momento. Esto no debería sorprendernos. Es evidente que si estamos preocupados por cuestiones del pasado, no podemos aprovechar las nuevas oportunidades que se nos ofrecen. Entender esta verdad es decisivo para avanzar hacia una vida con más significado, y vemos que esta verdad se refuerza en el momento que Samuel elige a David. Justo después de preguntarle a Samuel cuánto tiempo llorará a Saúl, Dios le dice que ha llegado el momento de volver a poner manos a la obra:

> Toma contigo una becerra de la vacada, y di: "A ofrecer sacrificio a Jehová he venido". Llama a Isaí al sacrificio, y yo te enseñaré lo que has de hacer; y me ungirás al que yo te dijere. (1 Samuel 16:2)

Aquí se ve con claridad que para Samuel había llegado el momento de ocuparse de los asuntos de Dios. La autocompasión y la introspección pueden convertirse en ladrones de sueños. A veces, cuanto más nos encerramos interiormente, más perdemos de vista la idea de que los actos dirigidos por Dios pueden cambiar la realidad exterior. Es por eso que todos los días debemos mostrarnos ante Dios y reconocer nuestra necesidad de su misericordia y perdón, de su dirección y su orientación. Debemos ser dueños de nuestros fracasos antes de renunciar a ellos. Sobre eso versaban las instrucciones de Dios a Samuel: en aquellos tiempos, los pecados personales se perdonaban y luego se olvidaban mediante una ofrenda de sangre. Este proceso de confesar y entregarse a la gracia de Dios nos libera para que más adelante podamos recibir sus bendiciones.

Pero después de ser perdonados, deberíamos renunciar al pasado y centrarnos en cómo nuestros actos del presente influirán en el futuro. A veces resulta muy tentador seguir con la misma triste tonadilla de autocompasión. Al contrario, deberíamos esforzarnos en seguir adelante. Así como Samuel llenó obedientemente su cuerno de aceite y ofreció una becerra para el sacrificio, nosotros debemos dejar ir nuestros fracasos y luchar por aquello que más importa a nuestros corazones. Todos tenemos que poner manos a la obra, y no hay tiempo para seguir revisando antiguas cuentas. Invertir en una vida de propósitos rinde unos beneficios muy superiores.

De adentro hacia afuera

Finalmente, Dios inspiró confianza en Samuel al pedirle que se concentrara en las promesas de Dios en lugar de dejarse llevar por los problemas aparentes. Como anticipó el profeta, por ejemplo, al elegir al nuevo rey sus expectativas estaban en conflicto con los criterios de Dios para ese nuevo líder. Cuando Dios lo envió a la casa de Isaí en Belén, es probable que Samuel haya pensado que el nuevo rey se distinguiría de los demás moradores de la casa. Quizá para contrarrestar esta idea, el Señor le habló de la siguiente manera a Samuel mientras se reunían los hijos de Isaí:

> No mires a su parecer, ni a lo grande de su estatura, porque yo lo desecho; porque Jehová no mira lo que mira el hombre; pues el hombre mira lo que está delante de sus ojos, pero Jehová mira el corazón. (1 Samuel 16:7)

Quizá nos parezca extraño que Dios diera instrucciones a Samuel para que ignorara las virtudes físicas que habrían hecho un buen rey (al fin y al cabo, el rey tenía que ser un líder fuerte y un guerrero valiente). Sin embargo, queda claro una vez más que Dios mira las cosas de manera diferente a nosotros. Mientras los hijos de Isaí pasaban delante de Samuel, el profeta oyó ese mensaje confirmado una y otra vez. En cierta lógica, habría tenido sentido que el escogido fuera Eliab. Así que, a pesar de que Dios había dado instrucciones con antelación a Samuel sobre sus criterios para escoger al rey, el profeta seguía pensando que ya sabía cuál era su elección. Eliab dio un paso adelante y Samuel pensó que debía ser él. Eliab era alto (como Saúl), moreno (como Saúl) y atractivo (como Saúl), y tenía todo el talante de un rey, que era precisamente cómo el pueblo de Israel elegía a sus reyes, es decir, con ojos humanos.

Sin embargo, Dios buscaba a su líder por sus cualidades interiores, no al revés, y le hizo saber claramente a Samuel que Eliab no era el elegido. Así que Samuel miró a los demás hijos de Isaí, y la respuesta de Dios siempre era la misma:

> E hizo pasar Isaí a siete hijos suyos delante de Samuel; pero Samuel dijo a Isaí:
>
> —Jehová no ha elegido a éstos.

> Entonces dijo Samuel a Isaí:
>
> —¿Son éstos todos tus hijos?
>
> Y él respondió:
>
> —Queda aún el menor, que apacienta las ovejas.
>
> Y dijo Samuel a Isaí:
>
> —Envía por él, porque no nos sentaremos a la mesa hasta que él venga aquí. (1 Samuel 16:10–11)

Cuando se presentó aquel joven, en realidad apenas un muchacho, Samuel supo que David era el elegido. Por muy raro que pareciera que el más joven, el más débil, el que los otros habían descartado, fuera el elegido de Dios, Samuel sabía lo suficiente acerca de la voluntad de Dios para saber que por fin había encontrado al que sería rey de la nación. Tuvo que dejar de lado sus expectativas y cualquier criterio que habría usado para elegir al rey y, así, mantenerse fiel a la voluntad de Dios, por sorprendentes y peregrinas que le parecieran las instrucciones divinas. Afortunadamente para Israel, Samuel dijo que sí a Dios pero, supongo, no sin ciertas dudas mientras pensaba qué tramaba Dios. Samuel se vio obligado a perseguir el sueño que le daba Dios, no un sueño centrado en sí mismo ni imaginado por otras personas.

El crecimiento

Siguiendo el ejemplo de Samuel, tenemos que asegurarnos de que estamos conectados con las visiones y los sueños que Dios nos depara y no con los que nosotros fabricamos para promover nuestros propios intereses. Estoy convencido de que la confianza que nos viene de

Dios nos permite seguir creciendo, para seguir alcanzando mayores logros y haciendo realidad sueños más grandes, hacia relaciones más gratificantes con otras personas, comprometidas con el mismo objetivo. Cuando miramos hacia el pasado o vemos nuestras propias limitaciones, es fácil perder de vista los proyectos de Dios. Como hemos visto en la elección de David, Dios suele fijarse en lo que vive en nuestro interior, en quiénes somos y de qué estamos hechos, en lugar del aspecto exterior, en nuestras circunstancias y debilidades.

Dios nos elige a todos desde adentro hacia afuera, como eligió a David. Dios no está limitado por nuestros reproches, nuestra falta de confianza, nuestra confusión o incertidumbre. Ha sembrado semillas de grandeza en todas las personas que ha creado. Nos ha hecho a su semejanza para que logremos proezas asombrosas. Todos tenemos una visión, y algunos tenemos sueños. Todos tenemos la posibilidad de dar la espalda, pero los propósitos de Dios nos enseñarán un camino claro hacia un futuro mejor.

Y, como lo ilustran Pedro, Samuel y David, Dios se sirve de seres normales, con todos sus defectos y problemas, para hacer realidad unos sueños extraordinarios. No tenemos por qué esperar a tenerlo todo a nuestro favor, ni a alcanzar un cierto nivel de fama, ganar una determinada cantidad de dinero, conseguir un mejor empleo o conocer a la persona adecuada. Al contrario, podemos empezar hoy mismo a conocer quiénes somos y cómo Dios nos ha creado, sabiendo que Él se servirá de nosotros. A partir de esa certeza, las fuentes de la confianza regarán nuestros corazones. Esa confianza nos permite ver nuestros sueños y visiones como caminos de Dios hacia una vida con significado. Y, desde el momento en que reconocemos y nos plegamos a sus planes en el presente, empezamos a crear los fundamentos eternos de nuestra confianza.

Por lo tanto, para empezar a vivir una vida con más significado, es importante valorar dónde estamos ahora, dónde queremos estar y la confianza necesaria para llegar hasta allí. El verdadero cambio es posible en nuestras vidas si estamos dispuestos a ir más allá de los errores del pasado y solucionar las desilusiones del presente. También debemos renunciar a nuestras expectativas limitadas acerca de cómo Dios influye en nuestras vidas. Sólo así permitiremos que nos sorprenda. Al fin y al cabo, si estamos centrados en su presencia en nuestras vidas y nos proponemos continuar nuestra relación con Él en el seno de una comunidad, cada día se definirá con mayor precisión la persona que estamos destinadas a ser. *Nunca es demasiado tarde para cambiar y empezar a vivir plenamente una vida llena de alegría y paz, una vida construida sobre la sólida confianza en Dios.*

CAPÍTULO 2

La confianza para crecer

Cuando avanzamos sin titubear en la dirección que señala la voluntad de Dios, nos viene la inspiración para seguir con confianza sus planes significativos para nosotros. Sin embargo, nuestras respuestas en tiempos de duda e incertidumbre, en los momentos en que no tenemos una clave para saber lo que Dios nos depara o cuando pareciera que no responde a nuestras oraciones, nos pueden revelar más cosas acerca de nuestra verdadera confianza en Él.

Durante esos momentos difíciles, puede que cuestionemos nuestro valor, y nos preguntemos: "¿Mi vida tiene *de verdad* un significado? ¿Le importo de verdad? ¿Cómo puedo seguir confiando en Él cuando la vida es tan difícil?" Cuando estas preguntas me vienen a la cabeza o sé de otras personas que luchan con su fe, recuerdo a mis amigos Eric y Pam Cuellar.

Hace un par de años, Pam estaba por dar a luz y todo hacía pensar que sería un parto normal. Sin embargo, después de quince minutos en la sala de espera del hospital, Eric se sorprendió al ver que trasladaban a Pam al quirófano. Vino una enfermera y le informó al futuro padre que a su mujer le iban a tener que hacer una cesárea de emergencia.

Eric comenzó a orar en seguida. Como es natural, estaba desesperado por ver a Pam y a su hijo recién nacido. Unos minutos más tarde salió un médico y le informó que Pam estaba bien, pero que el bebé no tenía constantes vitales. No eran perspectivas muy alentadoras, dijo el médico, pero trabajaban para resucitar al bebé. Al escuchar esta noticia, Eric comenzó enseguida a implorar a Dios que le devolviera la vida al bebé, sabiendo que en la otra habitación Pam estaría orando por lo mismo.

Normalmente, los médicos intentan devolverle la vida a un bebé mortinato durante unos diez minutos, y todo el equipo trabajó debidamente con el pequeño durante esos novecientos segundos, pero de nada sirvió. El bebé no respiraba. Sin embargo, en el minuto dieciséis, los ojos se le dilataron. *Quizá haya una remota posibilidad,* pensó el médico. Dos horas más tarde, todavía había una chispa de vida en el pequeño Zander, así que el médico ordenó trasladarlo a un hospital mejor equipado para sus necesidades.

Cuando Eric y Pam llegaron al otro hospital, el diagnóstico era desalentador. El bebé, con tubos y cables que le envolvían todo el cuerpo, estaba médicamente paralizado.

—No se hagan ilusiones —dijo el médico—. Su hijo está muy enfermo.

Eric y Pam le agradecieron al médico, pero también le dijeron que habían estado orando y que nada era imposible para Dios. Y mientras el muy enfermo bebé seguía en el hospital, los Cuellar no pararon de orar.

Pasó un día y nada cambió. Dos días, y ninguna mejora. Durante nueve días, no se produjo prácticamente ningún cambio en el estado del pequeño Zander Cuellar. Pero, a esas alturas, sus padres no eran los únicos que oraban. A su vez oraba nuestra iglesia, y otras iglesias en Texas también apoyaban a la familia. Sin embargo, el bebé seguía ahí, con todo el cuerpecito envuelto en tubos y dando escasos o nulos motivos para tener esperanza.

Me detendré un momento para preguntar: ¿Qué sentiría usted si estuviera en el lugar de Pam y Eric? ¿Dónde estaríamos la mayoría de nosotros después de nueve días de oraciones? ¿Cuán sólida es nuestra confianza en Dios cuando tenemos la impresión de que guarda silencio? ¿Nos queda siquiera una brizna de esperanza? ¿Acaso nos abandonamos al escepticismo y renunciamos a la esperanza que hemos depositado en Él? La esperanza puede ser muy peligrosa porque nos hace vulnerables. En Proverbios 13:12, leemos: "*La esperanza que se demora es tormento del corazón*". Quizá la esperanza es tan difícil de sostener porque hay, inherente a ella, cierta posibilidad que no podemos negar. Al igual que los Cuellar, queremos esperar lo mejor, incluso cuando los hechos desmienten nuestra esperanza. A menudo tenemos miedo de albergar esa esperanza, como les sucedió a Pam y a Eric cuando se enfrentaron a la posibilidad de una pérdida tan descorazonadora. Y, como ocurre con las oraciones, las cosas a menudo no tienen sentido para nosotros, limitados como estamos por nuestra perspectiva humana.

Sin embargo, los Cuellar no se dieron por vencidos, y no cejaron en su fe, no querían negar que todavía podía ocurrir un milagro. Y, les contaré que cuando el bebé respiró por primera vez el décimo día, aquel aliento trajo consigo una larga cadena de oraciones por todo el sudeste de Texas que habrá sonado como música a los oídos de Dios. Éramos muchos los que habíamos orado, a pesar de nuestros temores y desalientos, y cuando Zander respiró por primera vez, nadie se preguntó si valió la pena todo el tiempo invertido en orar. ¡Todos y cada uno bailamos de alegría! Dios había respondido a nuestras oraciones, y sabíamos que había hecho lo que parecía imposible. Cuando recibimos los informes médicos y los resultados de los análisis, supimos que, en respuesta a esas oraciones, nuestro Dios todopoderoso le había sanado a Zander sus pulmones colapsados y una válvula coronaria defectuosa. También lo había salvado del exceso de fluido, de una infección séptica y de un sistema inmune deprimido.

¿El diagnóstico inicial sigue vigente? ¡No! Dios actuó y decididamente dictó su voluntad para salvar la vida de Zander Cuellar. Y todas las personas que oraron por ese niño saben que Dios hizo nacer la confianza en quienes participaron. Experiencias como ésta, con Zander, su familia y nuestra comunidad, ilustran cómo la confianza nos lleva de la etapa de la creación a la etapa de la construcción.

En obras

Este proceso de construcción de nuestra confianza en Dios, ocurre en cada uno de nosotros a medida que Dios nos demuestra su fidelidad y la dirección que permanentemente imprime en nuestras vidas, incluso cuando vivimos acontecimientos dolorosos y desilusiones. Dios quiere que nuestra confianza se convierta en madurez y proyecte nuestra fe de modo que Él pueda mostrarnos su poder y su bondad. Con cada ayuda y cada milagro, nuestra confianza se hace más sólida y más capaz de enfrentarse a las dificultades del futuro.

Desde luego, no sobreviven todos los bebés que nacen con dificultades, y no quiero de ningún modo insinuar que si no conseguimos aquel milagro por el que rezamos y que esperábamos, es porque no teníamos suficiente fe o porque no orábamos con el fervor necesario. Tampoco insinúo que Dios quiera que suframos para ponernos a prueba mientras Él decide a quién va a ayudar. Nuestro Dios es un Dios que ama, e incluso cuando no podemos imaginar por qué dejaría morir a un bebé o que un tsunami devastara un país entero, debemos reconocer que no lo sabemos todo. Él es el Dios soberano, y nosotros somos su creación, no al revés.

Sobre todo cuando el milagro no ocurre cómo nosotros esperábamos y orábamos, y sufrimos pérdidas y dolor, no debemos dejar que esos momentos nos impidan ver a Dios y su capacidad para influir en nuestras vidas. Si estamos dispuestos a confiar en Dios, a pesar de nuestras más grandes pérdidas, Él se puede servir de las tragedias personales para construir nuestra fe y crear en nosotros una confianza más sólida en su carácter y su soberanía.

Al ver que Dios daba muestras de su fidelidad con nosotros en trances pasados, se fortalece la confianza que necesitamos ahora, cuando no vemos respuestas, mientras el bebé se debate entre la vida y la muerte, cuando nuestros matrimonios están a punto de naufragar o cuando nos despiden del trabajo. Cada vez que vivimos la misericordia de Dios, su proceder en el tiempo o su soberanía, se afirma la infraestructura de nuestra fe. Esta fe es como una enorme torre que nos permite alzarnos por encima de nuestra perspectiva humana.

Nos elevamos en la medida que recordamos y honramos las ocasiones en que el Señor nos bendijo en el pasado, respondió a nuestras oraciones o reveló su plan para nosotros.

La confianza inicial

Es evidente que uno de los dones que nos han sido dados en este mundo de Dios es la capacidad de ver la bondad y la soberanía de Dios extendiéndose a lo largo de muchos siglos de la historia humana. Lo veremos, por ejemplo, si volvemos a David, uno de mis ejemplos preferidos de personas que llevaron una vida con significado. En David vemos una confianza cultivada por su capacidad de confiar en Dios en los momentos vacíos. La principal razón por la que David pasó de ser un pobre pastor a ser el rey más querido de Israel fue su capacidad de entender su llamada y responder a ella con atención. La fe de David creció con cada león y cada oso que mataba para proteger a sus ovejas, con cada Goliat que derrotaba, con cada una de las lanzas de Saúl que esquivaba. David tuvo muchas oportunidades para desentenderse, pero decidió perseverar porque, al igual que la familia Cuellar, conocía la esperanza de un designio más grande que el suyo.

La seguridad de David se basaba en conocer y aceptar el sueño que Dios tenía para él, no sus propios sueños ni sueños que otros tenían para él. Dios no sólo asigna a cada cual su propósito, sino también traza el camino que debemos seguir para realizar ese propósito.

Como veremos una y otra vez en la vida de David, Dios desea que descubramos nuestras propias vocaciones y que vivamos vidas eternamente significativas. Pero Dios no se limita a enseñarnos nuestros propósitos sin darnos claves acerca de cómo proceder. Al contrario, nos prepara y luego vela por nosotros en cada paso del camino. Es por eso que *podemos alcanzar una vida con significado a lo largo de nuestro viaje, no sólo al llegar a un determinado destino.* Teniendo esto en cuenta, observemos una de las primeras lecciones que Dios usó al preparar a David para su destino:

> El Espíritu de Jehová se apartó de Saúl, y le atormentaba un espíritu malo de parte de Jehová.
>
> Y los criados de Saúl le dijeron:
>
> —He aquí ahora, un espíritu malo de parte de Dios te atormenta. Diga, pues, nuestro señor a tus siervos que están delante de ti, que busquen a alguno que sepa tocar el arpa, para que cuando esté sobre ti el espíritu malo de parte de Dios, él toque con su mano, y tengas alivio.
>
> Y Saúl respondió a sus criados:
>
> —Buscadme, pues, ahora alguno que toque bien, y traédmelo. (1 Samuel 16:14–16)

Dios llamó a David para que fuera rey, pero David comenzó su viaje hacia el trono en una posición inicial. Imaginemos por un momento cómo responderíamos si Samuel nos hubiera ungido con aceite y dicho: "Dios te ha escogido para que seas el rey de tu pueblo". Algunos estaríamos tentados de decir: "¡De acuerdo! ¡Veamos qué pasa con esta historia de reyes! ¡Yo he sido creado para vivir una vida de reyes!" Otros nos lo tomaríamos como una oportunidad para ponernos a prueba: "¡Estoy preparado! Les mostraré a todos que seré el mejor rey de todos los tiempos". Y otros, los más humildes, puede que nos viéramos tan abrumados por la perspectiva de reinar sobre Israel que nos quedaríamos mudos. Sin embargo, el punto importante en este caso es que nuestra llamada primero se presenta como una oportunidad. Con este enfoque, Dios se asegura de que la llamada se reciba como una responsabilidad, y no como un privilegio, como una colaboración con Él y no sólo como un acto solitario.

David comenzó a ser rey cuando empezó a servir al rey Saúl. ¿Qué mejor líder que aquél que primero ha aprendido a ser un seguidor? Es por eso que la confianza debe comenzar en el nivel inicial. Todos hemos vivido situaciones iniciales, tanto personal como profesionalmente, y por lo general las vemos como algo que está por debajo de nosotros: *No pienso lavar esos platos; No voy a cambiar pañales; No quiero cocinar hamburguesas el resto de mi vida.* Pero nuestra manera de lidiar con nuestras responsabilidades iniciales determina nuestra capacidad de lidiar con los problemas como padres, madres, jefes, directores ejecutivos o reyes. Y cuando nos acercamos con confianza a los momentos de posición inicial en nuestras vidas, nuestra humildad y obediencia suelen ampliar nuestra visión, de modo que Dios pueda usarnos para abrir puertas que conducen a grandes oportunidades. Si estamos dispuestos a servir en el nivel inicial, entonces Dios nos impulsará más allá de nuestros sueños más atrevidos. Dicho de otra manera, esto ocurre cuando nos destacamos por hacer bien nuestras tareas iniciales, y luego nos confían responsabilidades mayores.

Reconocidos por quienes somos

A pesar de ser elegido por Dios por lo que había en su corazón, a David todavía le quedaban algunos obstáculos por vencer en su camino hacia el trono. David no nació en una familia de estirpe real gracias a la cual habría simple e indiscutiblemente heredado su condición. Ya hemos visto que la situación de David era precisamente todo lo contrario. Había nacido en una humilde familia de pastores. Por eso, el pueblo de Israel tardó en reconocer a David y sus muchas habilidades, entre ellas su sabiduría, su actitud positiva y su lealtad. Cuando los demás observan que actuamos en concordancia con los propósitos que nos han sido dados por Dios, perciben las oportunidades en que somos necesarios. Curiosamente, Dios utiliza estas oportunidades como peldaños que conducen hacia el lugar donde tiene previsto llevarnos y hacia los objetivos más grandes que desea que alcancemos. He aquí un ejemplo de cómo David dio algunos de esos primeros pasos.

> Entonces uno de los criados respondió diciendo:
>
> —He aquí yo he visto a un hijo de Isaí de Belén, que sabe tocar, y es valiente y vigoroso y hombre de guerra, prudente en sus palabras, y hermoso, y Jehová está con él. (1 Samuel 16:18)

Siguiendo la recomendación de este sirviente, Saúl envía unos mensajeros a la casa de Isaí a buscar al joven. Estos hombres vieron a David como lo veía el mundo, es decir, como un guerrero valiente y de buen porte y como un músico lleno de talento. Sin embargo, ya que Saúl era su superior, el criado que habló de David probablemente habría guardado silencio si hubiera conocido los designios de Dios para el pequeño pastor. Sin saberlo, este criado desempeñó un papel clave para elevar a este joven pastor a un puesto donde haría su aprendizaje como rey, utilizando y reforzando los dones y la vocación que Dios le había dado.

Este episodio de la vida de David me recuerda a un amigo mío, que es jefe de recursos humanos en una gran empresa. Este amigo ha elaborado una fórmula para la contratación: si el candidato tiene un certificado de educación secundaria, debe someterse a una experiencia de trabajo de tres meses antes de que lo entreviste. Si el candidato tiene un diploma de una escuela técnica universitaria, tendrá que trabajar nueve meses antes de que mi amigo considere su posible incorporación a la empresa. Si tiene un título de licenciatura, mi amigo le exige que haya trabajado al menos un año en su terreno. Su explicación me intriga. "El título no basta para impresionarme", dice. "Quiero ver si tiene un compromiso con la excelencia, y eso sólo se puede demostrar *después* de haber recibido el título". Al principio, esta perspectiva me parecía algo extraña, ya que solemos pensar que la posesión de un título de escuela técnica o universitaria nos da derecho a una posición superior. Sin embargo, mi amigo insiste en que lo que demuestra el valor potencial de un individuo para su empresa es lo que ese individuo es capaz de hacer después de titularse.

Aunque no estemos de acuerdo con el sistema de contratación de mi amigo, no se puede discutir su argumento de que la excelencia exige un compromiso. Y la excelencia es algo que destaca cuando transformamos nuestro talento en capacidades. Puede que una persona tenga talento para darle a una pelota de béisbol, pero los jugadores competentes le dan a la pelota sistemáticamente, en todos los niveles en que juegan. Le dan porque se han entrenado para ello. A menudo sucede que lo único que necesita la gente con talento como David es una oportunidad para adquirir esas capacidades. Una vez que les dan la oportunidad, sus esfuerzos y dedicación para desarrollar su talento les aporta una mayor confianza.

Fórmula de crecimiento

Dios convirtió a David en un guerrero. Dios lo convirtió en músico y en un hombre atractivo. Dios también lo llamó para una tarea a la que debía dedicar su vida y, cuando esa llamada llegó, David progresó sin cesar porque se enfrentó con valor a los obstáculos que Dios puso en su camino. Observemos, por ejemplo, cómo David fue progresando en su relación con el rey Saúl:

> Y viniendo David a Saúl, estuvo delante de él; y él le amó mucho, y le hizo su paje de armas. Y Saúl envió a decir a Isaí:
>
> —Yo te ruego que esté David conmigo, pues ha hallado gracia en mis ojos.
>
> Y cuando el espíritu malo de parte de Dios venía sobre Saúl, David tomaba el arpa y tocaba con su mano; y Saúl tenía alivio y estaba mejor, y el espíritu malo se apartaba de él. (1 Samuel 16:21–23)

Mientras sirvió en la corte del rey Saúl, David dejó de lado cualquier posible sentimiento de superioridad o de inferioridad, los dos extremos que tienden a sabotear nuestro crecimiento. Al contrario, aprovechó valiente y humildemente las oportunidades que se le presentaron. David veía cada día como una oportunidad para confiar en Dios y vivir una vida con significado. De la misma manera, mis amigos, la familia Cuellar, vieron en esa crisis potencial de sus vidas el mismo tipo de oportunidad. Su fe en Dios los sostuvo durante un periodo de incertidumbre y miedo, y su hijo hoy vive y respira gracias a eso. La vida no les había dado a Eric y a Pam lo que ellos esperaban, así como la posición inicial de David con Saúl no era exactamente lo que él había previsto. Sin embargo, dada la oportunidad de unir su perseverancia con su fe en Dios, la familia Cuellar vivió esta crisis con valor y transformó tanto la vida de su hijo como las de las personas a su alrededor.

Las respuestas de David y de gente como Eric y Pam nos sirven de sólidos modelos. Todos conocemos muchos ejemplos de personas que sólo se muestran confiadas cuando sus actos tienen un resultado inmediato. Cuando las situaciones no se resuelven rápidamente, estas personas suelen derrumbarse. Al poco andar, temen no poder lograr que sus mundos sean diferentes, de modo que abandonan las nuevas oportunidades que se les presentan y sepultan sus talentos. Yo he aprendido que en lugar de dejarnos paralizar por nuestros temores e incertidumbres, deberíamos agradecer a Dios que estas situaciones nos puedan aportar nuevas oportunidades para confiar más plenamente en Él y hacer crecer nuestra confianza.

De hecho, he desarrollado una breve fórmula que capta este proceso de crecer en la confianza y crear un impulso hacia delante en la consecución de nuestros sueños. Es una fórmula que me ha ayudado a relacionarme con mis cuatro hijos de tal manera que estimula la confianza y contribuye a liberar su potencial.

En primer lugar, el potencial crece cuando se riega con el estímulo y se convierte en una pasión con propósito. Así, la pasión que nos inspira a trabajar, por ende, es natural y no forzada. En segundo lugar, cuando nuestra "fruta de la pasión" se va centrando en los objetivos de Dios, desarrollamos las prioridades necesarias para cumplir esos objetivos. Este proceso continúa a medida que nos vamos fortaleciendo y crece nuestra confianza en la naturaleza de Dios y en aquello para lo cual nos ha creado. La fórmula se puede expresar de la siguiente manera:

(Estímulo + Potencial) x (Pasión + Prioridades) = Progreso

Desde luego, dibujar un mapa de estos conceptos es más fácil que vivirlos, pero espero que esta ecuación nos sirva (y, por favor, disculpen el uso de tantas "p", pero ya se sabe que a los pastores nos gusta mucho la aliteración). El objetivo consiste en entender que vivir una vida con significado nos exige desarrollar nuestro potencial. Y, para florecer, ese potencial necesita estímulos, el tipo de refuerzo positivo que Dios suele darnos a través de terceros. A medida que madura nuestro potencial —reconocido y estimulado por otros—, vamos desarrollando una pasión por quiénes somos y por aquello que Dios nos llama a realizar. Esta pasión alimenta nuestro reconocimiento de ciertas decisiones que debemos tomar si queremos cumplir con nuestros objetivos. Dicho de manera sencilla, esta pasión determina nuestras prioridades, nuestras elecciones sobre cómo asignamos nuestro tiempo y otros recursos. Creo que ése es el motivo por el que Dios no nos pide que seamos personas de éxito. Más bien, nos pide que seamos obedientes a su voluntad, sabiendo que eso producirá los logros para los que Él nos ha creado.

¿Y cómo convertimos nuestra confianza en una fuente estable de motivación para vivir una vida con significado? Creo que cuando entendemos que una prueba, un problema o una dificultad son una oportunidad para poner en práctica nuestra fe en Dios, empezamos a dejar que se manifieste su grandeza. A medida que aprendemos a liberarnos de lo que es humanamente posible y, al contrario, nos atrevemos a tener esperanzas en lo que parece imposible, esta confianza en su amor y su poder le permite a Dios construir algo bello en nuestras vidas.

Pensemos ahora en esta verdad mientras pasamos revista a aquellos aspectos de la vida en que ahora nos desenvolvemos. ¿Qué nos impide confiar en Dios? ¿Qué podemos hacer para seguir poniendo en práctica nuestra fe en Él, aún sin saber qué nos depara? Creo que la clave consiste en tener fe en que Dios nos depara algo más grande de lo que podemos imaginar. Quizá los conflictos en el trabajo son la antesala de un ascenso. Quizá la discusión con nuestro cónyuge puede mejorar la comunicación y fortalecer nuestro matrimonio. Es de esperar que no nos tomemos estas palabras como un simplismo, una especie de estímulo a lo Pollyanna, instando a buscar lo positivo en todas las cosas.

Recordemos dos principios: *nuestra perspectiva es limitada, pero nuestro Dios es ilimitado.* Sólo podemos ver una parte de la imagen —un fotograma— a la vez, pero Dios lo ve todo. Y aunque nuestros recursos puedan ser limitados, aunque nuestra fe se vea puesta a prueba y aunque nuestros temores se multipliquen, nuestro Padre puede proveer a todas nuestras necesidades, y se deleita en amarnos más de lo que suponemos. Él es el capataz mayor de la cuadrilla de construcción de nuestras vidas, y construye y moldea, y derruye todo aquello que es innecesario u obstaculiza, y lograr construir una obra maestra, una obra que le da significado a nuestras vidas. Bajo su dirección, podemos tener la confianza necesaria para crecer y convertirnos plenamente en aquello para lo cual fuimos creados.

CAPÍTULO 3

La confianza para perdurar

En una ocasión me reuní con algunos de los productores más famosos de Hollywood, verdaderos líderes de la industria, multimillonarios en la cumbre de sus carreras. Aproveché la oportunidad para preguntarles acerca de sus comienzos y descubrí que, al igual que David, habían empezado muy jóvenes, llevando a la práctica sus pasiones en el patio trasero de la casa. Utilizaban la cámara de video de su familia, construían escenarios y hacían películas de casi todo lo que encontraban: hermanas y hermanos, rocas, árboles, batallas imaginarias entre Barbie y el muñeco G.I. Joe, y todo tipo de misterios en el barrio. Más allá de las películas que les gustaba rodar o del número de películas que habían rodado con éxito, aquellos exitosos productores declaraban que sus visiones habían comenzado con energía y pasión y que, después, empezaron a ascender.

En el plano profesional, casi todos estos ejecutivos empezaron en la industria en un puesto principiante llevando recados, desmontando escenarios, etc. Por ejemplo, un amigo productor dijo: "Yo trabajaba haciendo anuncios, y alguien los vio. Cuando me llamaron para una entrevista, llevé conmigo todo lo que había hecho y lo dejé en sus manos". Los que lo entrevistaron más tarde dijeron que habían contratado a mi amigo porque no hablaba de lo que podía hacer sino que demostraba lo que había hecho.

La combinación de nuestras visiones, nuestros sueños y nuestro potencial arroja como resultado la confianza cuando decidimos correr riesgos y pasar a la acción. Esta combinación también nos proporciona una base para convertir nuestro talento en habilidades. Al fin y al cabo, ¿cuánta gente habla de lo que van a hacer pero nunca lo hace? Quieren crear una empresa o crear un nuevo ministerio. Hablan del marido o la mujer que les gustaría ser, pero pasan por alto los detalles pequeños y cotidianos del servicio y el respeto. De la misma manera, somos muchos los que nos proponemos ocuparnos más de nuestros hijos. Queremos ir a ver más partidos con ellos, pasar más tiempo en casa, hablar con ellos de asuntos importantes, pero luego hacemos poca cosa más que darles un beso de buenas noches. Las buenas intenciones no bastan. Por eso en casa decimos siempre: "No hables de la buena familia que quieres tener. Conviértete en un mejor miembro de la familia hoy". *La confianza se fortalece de manera natural cuando cultivamos nuestras habilidades.*

El mantenimiento del motor

A medida que vivimos la experiencia de Dios que fortalece la confianza en nuestras vidas, conviene recordar que nuestra confianza no debería dejar de crecer sólo porque hemos alcanzado un cierto grado de éxito. El sólo hecho de construir el motor y poder conducir el coche no significa que no tengamos que llenar el depósito de gasolina, comprobar el nivel de aceite y asegurarnos de que las correas y los filtros estén en buenas condiciones. Aunque no tengamos afición por la mecánica, todos sabemos que hay que mantener el motor para que funcione correctamente.

Con la confianza sucede lo mismo. Tenemos que mantener nuestro nivel de confianza para que nos ayude a llegar donde queremos. Pensemos en el motor de la vida de David. Pasó de ser un pobre pastor, con un potencial en que no habían reparado sus padres y hermanos, a ser arpista del rey, luego mensajero del rey, luego guerrero y, finalmente, rey. Es la historia de un desamparado, el tipo de épica histórica con la que los productores de cine pueden ganar millones convirtiéndola en película. ¿A quién no le gustaría pasar de la pobreza a la riqueza? La historia de David es la historia de la Cenicienta, de la ascensión de la nada al bienestar que todos conocemos y apreciamos.

Sin embargo, como sucede con todas las historias de éxito, los detalles desagradables se pierden en la gloria del relato. Aunque alguien se vea favorecido por el éxito, su historia está lejos de haber acabado (¿dónde estarían los ejecutivos de los estudios de cine si no fuera por las sagas?). Concretamente, en la vida de David esos detalles son importantes porque nos muestran cómo mantener viva la confianza para que podamos contar con ella cuando la necesitamos. Sabemos que Dios elevó a David porque quería bendecir a Israel con un rey devoto. Sin embargo, a menudo no reparamos en el hecho de que en muchas ocasiones David habría podido fracasar y que, a veces, fracasó. Aún así, en todas las situaciones demostró un compromiso con conservar la confianza vital en medio de las presiones de la vida. En realidad, la vida de David demuestra que mantener la confianza es necesario y vital para crecer y servir.

David ilustra claramente que enfrentarse a batallas más grandes que nosotros mismos es uno de los frutos del arrojo que nos da la confianza. En otras palabras, estas pruebas fortalecen nuestra confianza en nuestra vida. David comenzó con la reputación de ser el elegido de Dios, un poeta valiente y un músico lleno de poesía. Pero no podía dormirse en sus laureles y medrar sin esfuerzo el resto de su vida. Por mucho que nuestra confianza haya crecido con las victorias del pasado, necesitamos estrategias para conservar la confianza cuando la vida pone nuevos obstáculos en nuestro camino.

Para desactivar el descontento

Los nuevos obstáculos se presentan en diferentes tamaños. ¿Cómo respondemos, por ejemplo, cuando nos encontramos en un gigantesco atasco que no avanza? ¿Cuando nuestro vuelo se retrasa? ¿Cuando el médico llega tarde y nos tiene más de una hora rabiando en la sala de espera? La mayoría nos ponemos muy impacientes y nos cuesta superar nuestro malestar en esas situaciones. A menudo nos sentimos impotentes y no sabemos qué hacer, y esa frustración alimenta nuestro malestar mientras esperamos.

Creo que David entendía lo que significaba esperar y preguntarse cuándo llegaría el momento de seguir adelante. Como hemos visto, después de que Samuel ungió a David como futuro rey, el pequeño pastor entró a trabajar en la casa de Saúl. Sin embargo, curiosamente, mientras trabajaba para Saúl y se preparaba para ser rey, David tenía que ocuparse de la granja familiar.

> Isaí... tenía ocho hijos... Y los tres hijos mayores de Isaí habían seguido a Saúl a la guerra [contra los filisteos]... Pero David había ido y vuelto, dejando a Saúl, para apacentar las ovejas de su padre en Belén. (1 Samuel 17:12–15)

¡Hablando de experiencias difíciles! David sabía que estaba destinado a ser rey, pero antes tuvo que encargarse de cuidar el rebaño de su padre. Éste no es el cuento de alguien que pasa de la pobreza a la riqueza. Es un cuento del paso de la pobreza a otros —mejores— trapos con que limpiar los retretes. A la mayoría nos cuesta lidiar con el descenso a una condición menor. Cuando hemos colocado un pie en el siguiente peldaño, nos cuesta tener que bajar uno o dos. Sin embargo, en las Escrituras no se dice que David respondiera negativamente a esta situación. Al contrario, nos lo muestra haciendo lo que tiene que hacer a pesar de los momentos de malestar.

Esta capacidad de enfrentarnos a nuestro aburrimiento es algo que todos debemos aprender a dominar. Sin embargo, las situaciones inesperadas son sólo una de las causas del malestar. Pensemos en un caso en que queríamos algo con muchas ganas y trabajamos con ahínco para conseguirlo. Quizá se trataba de una casa nueva o de un trabajo mejor remunerado. Quizá queríamos acabar con nuestras deudas o volver a estudiar. Sin embargo, al conseguir nuestro cometido sentíamos una especie de decepción al darnos cuenta de que la vida no había mejorado tanto como creíamos.

Ésa es la naturaleza del malestar, y creo que ese malestar es una pieza clave para que nos sintamos insignificantes. Podemos bromear con el tema de que el pasto está siempre más verde al otro lado de la cerca. Sin embargo, nos bombardean a diario con esa promesa del pasto más verde. ¿No le parece bien su aspecto? Cómprese esta chaqueta o pruebe este tinte de pelo. ¿No le agrada cómo otros lo perciben? Cómprese ese modelo de SUV o múdese a un barrio vigilado por guardias de seguridad. Muchas empresas, sobre todo en la industria de la publicidad y el entretenimiento, cuentan con el hecho de que los seres humanos andamos siempre en busca de algo mejor y más grande. Son industrias que se aprovechan del saber que nunca estamos del todo contentos con la vida.

La moraleja, al igual que las termitas que erosionan la torre que hemos construido con tanto esfuerzo, es que el malestar puede destruir nuestra confianza. Puede que la estructura se vea sólida desde el exterior, pero sabemos que, interiormente, no estamos satisfechos. El malestar también puede traer consigo el miedo y la incertidumbre que arrasarán con nuestro sentido de trascendencia personal y nuestra conciencia de quiénes somos realmente. Esto es lo que ocurre cuando David se acerca a las tropas israelitas que temblaban de miedo pensando en Goliat:

> Goliat, el filisteo de Gat, salió de entre las filas de los filisteos y habló las mismas palabras, y las oyó David. Y todos los varones de Israel que veían aquel hombre huían de su presencia, y tenían gran temor. (1 Samuel 17:23–24)

Los israelitas no tenían confianza en Dios ni en sí mismos al enfrentarse al gigante filisteo. Ellos eran guerreros veteranos, entrenados para resolver ese tipo de problemas. ¿Alguien se ha encontrado alguna vez en una situación parecida?

—Espera un momento —decimos cuando nos topamos con un problema en el trabajo—. Ya sé que hemos solucionado otros problemas parecidos, pero hoy estoy desbordado y sólo quisiera parar.

Son situaciones que podríamos superar —situaciones en el trabajo, en la familia, en nuestras amistades y en nuestras iglesias— y que nos intimidan sutilmente y minan nuestra confianza. Al igual que los israelitas, nos quedamos ahí parados rascándonos la cabeza y sintiéndonos demasiado intimidados para pasar a la acción. Pero cuando David vio a Goliat, dijo:

—¡Un momento! ¿Quién se cree que es este matón? No es un hombre de Dios, ¿por qué habríamos de temerlo?

David no dejó que el malestar minara su valentía.

"Vamos a luchar y vencer" es la actitud de alguien que vive una vida con significado, y ésa fue la actitud ejemplar que David tuvo en el campo de batalla. Las personas importantes, sobre todo cuando desempeñan un papel de liderazgo, deben recordar a quienes los rodean de los sueños que Dios los ha llamado a realizar. Aquellos líderes deben dirigir la atención de los demás a algo que esté por encima de los obstáculos que les cierran el camino. Por eso, en esta escena, no tiene nada de sorprendente ver que David llama a los israelitas de vuelta a la realidad. Porque, como veremos, el verdadero campo de batalla de la fe es la realidad de cómo Dios lleva a cabo su obra, no la fantasía de nuestros temores y defectos. Y, a menudo, las batallas no se deben a amenazas del exterior sino que surgen en el seno de nuestras propias comunidades. En cuanto habló David, fue criticado por sus detractores —que eran unos cobardes.

> Y oyéndole hablar Eliab su hermano mayor con aquellos hombres, se encendió en ira contra David y dijo:
>
> —¿Para qué has descendido acá? ¿y a quién has dejado aquellas pocas ovejas en el desierto? Yo conozco tu soberbia y la malicia de tu corazón, que sólo para ver la batalla has venido. (1 Samuel 17: 28)

Olvidemos el hecho de que David le traía comida a quien así le hablaba. Pero también hay que saber que, según la antigua tradición judía, le correspondía a Eliab ser nombrado rey, según establecía su derecho de primogénito. Por lo tanto, era natural que Eliab estuviera molesto. David, su hermano menor, lo había eclipsado al ser elegido por Dios, y nada podía hacer Eliab para remediarlo.

Recordemos cuando Isaí tuvo que llamar a David, que estaba en el campo, para que Samuel lo ungiera. Isaí ni siquiera había considerado a David como posible merecedor de la bendición de Dios. Y ahora el hermano mayor le decía a David que se ocupara de sus propios asuntos. No hay muchas personas que puedan soportar un rechazo como ése y, no obstante, perseverar con una actitud positiva. Sin embargo, vivir nuestra vida con significado exige que asumamos todo nuestro potencial, incluso cuando los demás no lo aprecian.

LUCHANDO CONTRA EL DESÁNIMO

David tenía la opción de huir o quedarse y luchar. Por el tono del pasaje, pareciera que sólo tuvo en cuenta una de las dos opciones, a saber, salir y combatir por aquello en que creía. Incluso en medio de la presión de sus compañeros y de las críticas de su hermano mayor, David fue donde Saúl y dijo:

—¡Alguien tiene que luchar!

Y el rey, como el resto de los que escucharon a David, se limitó a decir:

—Eres sólo un niño, David. Es imposible que sepas de qué estás hablando.

Esta respuesta paternalista, con que Saúl sin duda intentaba recordarle a David que era demasiado ingenuo para saber qué era posible en el mundo real, habría desalentado a muchos.

En realidad, muchas personas habrían dejado de luchar contra su Goliat, y por razones que, desde su punto de vista, serían bastante legítimas. "Mi familia nunca creyó en mí". "Mi trabajo no salió como estaba previsto". "Mi jefe es un imbécil". "Mis amigos me dijeron que no lo conseguiría". Todos hemos conocido el rechazo, y muchos alegamos la experiencia de ese rechazo para abandonar. Sin embargo, las Escrituras nos recuerdan que cuidemos de nuestro corazón (ver Proverbios 4:23). Si no lo cuidamos, el desánimo acabará con la valentía de nuestros corazones. Es algo que hacemos nosotros mismos, no son los demás los que nos desalientan. Mi padre me enseñó que si alguna vez me robaban la valentía, siempre sería yo mismo, interiormente, el responsable de que eso ocurriera.

Así que David se enfrentó a su desafío como lo hace la gente valiente: sabía que estaba obligado a actuar de acuerdo con el sueño que Dios le había dado. Veamos qué dijo el pequeño pastor al rey Saúl:

> No desmaye el corazón de ninguno a causa de él; tu siervo irá y peleará contra este filisteo... Fuese león, fuese oso, tu siervo lo mataba [mientras pastoreaba]; y este filisteo incircunciso será como uno de ellos, porque ha provocado al ejército del Dios viviente. Jehová, que me ha librado de las garras del león y de las garras del oso, también me librará de la mano de este filisteo. (1 Samuel 17:32, 36–37)

David fue, realmente, un servidor humilde, y su humildad era sin duda clave para su confianza en sí mismo. Hizo lo que hacen los sirvientes llamados por Dios: sirvió bien a su amo. Muchos creemos que nuestros amos están en este mundo, como lo estaba el rey Saúl, el amo de David. Sin embargo, la seguridad de David estaba anclada en su conciencia de que la voluntad de Dios abarcaba también los asuntos terrenales de su amo. Dios sabía mejor que Saúl o que nadie lo que David tenía que hacer. De esta manera, la confianza de David, alimentada en sus sencillos comienzos como pastor, se vio potenciada por su humilde sumisión a los designios de Dios. Estaba dispuesto a ceder ante lo que el Señor le pidiera, aunque las probabilidades fueran escasas, o incluso nulas.

En muchos casos, como David, debemos escoger la opción de la confianza. Es una opción que exige valentía, y esa valentía exige cuidado, y ese cuidado exige preparación. David sabía y confiaba en que Dios prepara a quienes llama para llevar a cabo sus grandes obras, así como sabía que su experiencia de pastor lo había preparado precisamente para esa tarea. David había luchado contra animales salvajes y los había matado, lo cual no es una hazaña cualquiera, pero nunca dijo: "Estoy harto de ser pastor". Siempre luchó, perseveró y esperó, confiando en que algún conflicto en el futuro pondría a prueba todas esas destrezas que él cultivaba. Cuando se enfrentó a Goliat, el valor y la preparación le dieron a David las fuerzas para seguir cuando otros temían y fracasaban. David decidió desactivar el desaliento interior, que tenía sobrados motivos para sentir.

Vencer la depresión

Al igual que el desánimo, la depresión puede minar nuestra confianza. Nos dicen que seamos positivos, que nos mantengamos enteros o que miremos el lado bueno de las cosas, frases que a veces suenan banales. Además, todos hemos pasado por épocas en que lloramos una pérdida o sufrimos una decepción, y la tristeza es una reacción habitual. Sin embargo, debemos estar en guardia por las maneras sutiles que tiene la depresión para debilitar nuestra confianza en nosotros mismos, en Dios y en nuestros seres queridos.

Desde luego, algo podemos aprender de las diferentes maneras que tuvieron Saúl y David para luchar contra la depresión. En realidad, Saúl no superó su tristeza. Había perdido su visión y no intentó recuperarla acercándose al Señor o buscando la comunión con personas devotas. Por lo tanto, se convirtió en un ser vulnerable, y lo abandonó el espíritu del Señor. Saúl y sus soldados empezaron a vivir sin valor.

Cuando Goliat volvió a burlarse de sus tropas, Saúl estaba en su tienda. Y David pensó: *"¿Cuál será la recompensa para quien derribe a ese monstruo?"* Y los soldados temblaban, pues sabían lo que se necesitaba para devolverle a Saúl la dignidad:

> Al que le venciere [a Goliat], el rey le enriquecerá con grandes riquezas, y le dará su hija, y eximirá de tributos a la casa de su padre en Israel. (1 Samuel 17:25)

Desde luego, David no necesitaba esos incentivos para entrar en ese combate. Sabía cuáles eran los designios de Dios para él. También sabía algo de lo que tenía que hacer para que otros también quedaran ungidos y salvaran la cara.

Sin embargo, los soldados de Israel carecían de confianza porque no veían más allá de su propia capacidad y no entendían los designios de Dios. La falta de confianza de los soldados en su propia fuerza se basaba en su propia experiencia. No tenían la sólida fundación de una confianza sobrenatural. Eran hombres que vivían influidos por la depresión de Saúl, víctimas de sus propios temores e incertidumbres. Sólo atinaban a quedarse ahí parados inventando razones para retroceder.

David, al contrario, resistió y salió a combatir al enemigo. Vemos aquí la diferencia entre alguien que dice: "Quizá deberíamos intentarlo... No, no dará resultados", y alguien que dice: "¡Hagámoslo, sin más! ¡Hagamos que algo grande ocurra ahora mismo!" David había cultivado y alimentado la confianza en sí mismo, de modo que estaba preparado para actuar a partir de ella. Sabía que la voluntad de Dios está por encima de las opiniones de la gente, y que Dios tenía la intención de demostrar ese principio.

Saúl, al igual que Isaí, Eliab y, probablemente, los seis hermanos de David, dejó que su confianza fuera moldeada por las percepciones y normas del mundo. También permitieron que sus relaciones humanas negativas nublaran la voluntad de Dios. Tenían sobrados motivos para pensar que Dios les daría poder, pero no decidieron poner su fe en práctica ni escuchar su voz.

Merece la pena señalar que David no intentó luchar contra la negatividad de esos hombres. Al contrario, luchó contra el gigante que provocaba el pesimismo. David ni siquiera aceptó cuando Saúl le ofreció vestir la armadura y ceñirse la espada real cuando se enfrentó al terrible gigante. En su lugar, escogió el arma que le era más familiar, la honda que utilizaba en el monte para proteger a su rebaño. Cuando nos enfrentamos a una crisis, utilizar instrumentos diferentes a los que Dios nos ha dado puede parecer tentador. Sin embargo, debemos recordar que es Dios quien nos da esos instrumentos y nos proporciona todo lo necesario para enfrentarnos a los problemas.

David tenía esta verdad por sabida. Él llevaba una vida con significado intentando cumplir los sueños de Dios, y no podía dejar que el malestar, el desaliento o la depresión infectaran a la nación de Israel y la destruyera desde dentro. Así que David hizo por Israel lo que Samuel había hecho por él, es decir, les dio una visión de lo que podían llegar a ser. La historia de David nos recuerda que en momentos claves de nuestra vida aparecerán gigantes. Nunca debemos perder de vista nuestra capacidad —gracias al poder de Dios— de tomar una honda y luchar.

> Y aconteció que cuando el filisteo se levantó y echó a andar para ir al encuentro de David, David se dio prisa, y corrió a la línea de batalla contra el filisteo. Y metiendo David su mano en la bolsa, tomó de allí una piedra, y la

> tiró con la honda, e hirió al filisteo en la frente; y la piedra quedó clavada en la frente, y cayó dando con la cara en la tierra.
>
> Así venció David al filisteo con honda y piedra; e hirió al filisteo y lo mató, sin tener David espada en su mano. (1 Samuel 17: 48–50)

David conservó la confianza y lo demostró todos los días. Por eso pudo recurrir a sus reservas de confianza, a su valentía y sus recursos. Y por eso sabía que podía derrotar al más terrible enemigo. Sin embargo, en demasiadas personas el impulso de luchar desaparece antes de que siquiera comience la batalla. Desean un futuro mejor, pero esperan que Dios intervenga de alguna manera clara y rotunda. Es cierto que a veces Dios alcanza sus objetivos de esa manera aunque, con mayor frecuencia, se vale de su pueblo para ello, nosotros, que actuamos sobre nuestras pasiones y usamos nuestros dones todos los días. En el Salmo 37, David escribió:

> Deléitate asimismo en Jehová, Y él te concederá las peticiones de tu corazón (v. 4).

Si nos deleitamos en el Señor incluso cuando estamos desalentados o abrumados, Él nos dará su fortaleza.

Raíces profundas

Gracias a David, podemos aprender muchas cosas sobre la confianza. En lugar de venderse a la opinión de los demás, por ejemplo, David demostró a quienes lo rodeaban la importancia de vivir una vida con significado. No actuó como un arrogante ni un engreído, pero tampoco perdió tiempo ni energía luchando contra la gente, ni inmerso en su propio poder. Al contrario, puso su corazón en el sueño de Dios, en la visión de Samuel y en su potencial.

David también se valió de otras dos fuentes complementarias de la fuerza para superar a un rival aparentemente imbatible: la confianza enraizada en sus experiencias pasadas y la confianza de su Creador. David sabía, y actuó con arrojo a partir de esa conciencia, que Dios nos prepara de manera que podamos enfrentarnos a los desafíos de la vida y superarlos. Por lo tanto, para vivir una vida con significado, debemos mantener nuestra vista fija en Él y desenvolvernos con confianza en el mundo que nos rodea.

Al llegar al final de este capítulo y de esta parte sobre la confianza, quiero animar a los lectores para que analicen cómo se ven a sí mismos y cómo ven a Dios en sus vidas. ¿Pertenece usted a una comunidad devota de soñadores capaces de contagiar sus sueños? (Analizaremos más detenidamente la importancia de la comunidad en la parte final, pero espero que las personas que lo rodean compartan sus sueños y, para que éstos se cumplan, lo acompañen sirviendo a Dios.) ¿Hemos abordado la visión vital que Dios ha puesto ante nuestros ojos? ¿Confiamos lo suficiente en su fidelidad para seguir consolidando su confianza en Él, así como en esa persona que Él ha creado y le ha llamado a ser? ¿Qué haremos para combatir las tres "Ds" mortales del descontento, el desaliento y la depresión y, así, conservar la confianza? ¿Qué consideramos que es la fuente fundamental de confianza necesaria para vivir una vida con significado? ¿Y qué haremos para explotar esa fuente cuando se trate de luchar las batallas cotidianas?

Tengo la confianza de que Dios nos ha llamado y ha prometido fortalecernos para llevar a cabo esta misión. De modo que no perdamos más el tiempo. *Dios hará algo especial con nuestras vidas si ponemos en práctica la fe viviendo nuestro propósito.* Si descubrimos los dones que nos ha dado el destino al que nos llama, y si tenemos un atisbo de lo que nos depara, nuestra confianza crecerá con profundas raíces que nos ayudarán a superar la sequía de las dudas y los inviernos cuando nos preguntamos por qué estamos en este mundo.

Debemos avanzar con valor al encuentro de nuestro futuro, queridos amigos y amigas, alimentados por la confianza de que el Creador del universo nos ha hecho diferentes a todos los demás con un propósito especial, que es único y singular para cada uno de nosotros.

SEGUNDA PARTE

El carácter

Jehová, ¿quién habitará en tu tabernáculo?
¿Quién morará en tu monte santo?

El que anda en integridad y hace justicia,
Y habla verdad en su corazón.
El que no calumnia con su lengua,
Ni hace mal a su prójimo,
Ni admite reproche alguno contra su vecino.
Aquel a cuyos ojos el vil es menospreciado,
Pero honra a los que temen a Jehová.
El que aún jurando en daño suyo, no por eso cambia;
Quien su dinero no dio a usura,

Ni contra el inocente admitió cohecho.
El que hace estas cosas, no resbalará jamás.

SALMO 15

CAPÍTULO 4

La conducta en la cueva

Al igual que muchas personas, disfruto leyendo textos de historia y asomándome a los grandes momentos y acontecimientos mundiales que han tenido consecuencias importantes para nuestro modo de vida en la actualidad. Me asombra a menudo que una decisión, creencia o convicción individual pueda actuar como catalizadora de profundos cambios. Pareciera que el punto de inflexión de una vida a menudo depende del carácter de un líder individual —y me refiero no sólo a sus creencias, sino a aquello que conforma el núcleo mismo de su ser. Los sueños nobles suelen desatar movimientos de transformación cuando el líder se enfrenta a circunstancias que requieren grandes sacrificios.

Por ejemplo, todos reconocemos el liderazgo firme de Abraham Lincoln durante la Guerra Civil (o Guerra entre los Estados, como insistía en llamarla mi profesor de historia). Seguramente Lincoln fue uno de esos raros individuos que podían mantener el rumbo incluso en los momentos más difíciles. Pero si leemos cualquiera de las biografías escritas sobre él, veremos que Lincoln *sufrió* —quiero decir que realmente padeció y sufrió dolor físico y emocional— durante los cuatro largos años de la contienda en nuestro país.

Pensemos en cómo habrán sido esos años. Imaginemos que creemos en algo tan apasionadamente que nos mantenemos firmes incluso cuando nos critican los amigos y los seres queridos y otros mueren luchando por nuestra causa. Este tipo de sufrimiento agotaría a cualquiera, y Lincoln sufría depresiones severas. Era una depresión alimentada en parte por tragedias personales, sobre todo por la muerte de su hijo de doce años, Willie, en 1862, justo en medio de la guerra. Ser capaz de conducir a la nación en sus horas más oscuras, a pesar de tanto dolor y angustia, requiere una fortaleza y una presencia de ánimo que no abundan en nuestro mundo dominado por las frases efectistas instantáneas. Cuatro años es mucho tiempo para luchar por lo que uno considera verdad, sobre todo si el precio por esas ideas se está cifrando en vidas humanas. Sin embargo, el Presidente Lincoln se mantuvo firme, y hoy nuestro país prospera gracias a él.

Nada de muncias

Cualquiera dirá:

—Oye, Jim, yo no soy ningún Abraham Lincoln. Sólo intento ganarme el sustento para mantener a mi familia y servir a Dios en mi comunidad. No tengo esa fuerza de carácter. Además, ¿no es el carácter una virtud propia de los héroes?

Sí, el carácter es algo que necesitan los héroes, pero no se trata de héroes extraordinarios, sino de personas como usted o como yo, que día a día trabajan para ganarse la vida y servir a Dios en el mundo cotidiano. Por eso, Dios cultiva el carácter en cada uno de nosotros a lo largo de toda una vida. Estemos donde estemos, debemos saber que Dios intenta cultivar en nosotros el carácter necesario para cumplir el propósito que nos ha dado Él. Y ésa no es una verdad evidente para todos. Propongo que pensemos un momento en la observación que un amigo mío hizo recientemente. Decía que a medida que evolucionaba la guerra moderna, los hombres intentaban construir bombas cada vez más grandes. Sin embargo, algunos científicos empezaron a postular que el poder más devastador se encontraba en el lugar más pequeño, es decir, el átomo. Desde luego, cuando los científicos descubrieron cómo desencadenar la potencia inherente al átomo, se liberó una fuerza asombrosa jamás vista.

El carácter es así. Si nos fijamos en su influencia en las vidas individuales, en las familias, e incluso en los países, quedaremos asombrados por su poder. Así como la figura de Lincoln fue una contribución decisiva para Estados Unidos que conocemos en la actualidad, nuestro carácter es decisivo para la vida significativa a la que aspiramos. El carácter es lo que Dios necesita que poseamos cuando luchamos por ese significado, y será puesto a prueba ya que el mundo está lleno de personas celosas, conformistas y maquinadoras.

En el caso de David, una prueba de su carácter se produce en el curso de una guerra civil. Saúl, el rey cuyo propio hijo "quedó ligado en alma a David" (1 Samuel 18:1), no tardó en sentirse amenazado por él. Los éxitos de David hicieron que su fama superara a la de Saúl, que había sido derrotado por su falta de confianza en sí mismo:

> Mas Saúl estaba temeroso de David, por cuanto Jehová estaba con él, y se había apartado de Saúl; por lo cual Saúl lo alejó de sí, y le hizo jefe de mil; y salía y entraba delante del pueblo. Y David se conducía prudentemente en todos sus asuntos, y Jehová estaba con él. Y viendo Saúl que se portaba tan prudentemente, tuvo temor de él. Mas todo Israel y Judá amaba a David, porque él salía y entraba delante de ellos. (1 Samuel 18:12–16)

Para eliminar ese problema, Saúl le ofreció a David a su hija en matrimonio, si bien el precio que pedía exigía una batalla en la que Saúl tenía la esperanza de que David muriera. Cuando David sobrevivió, Saúl optó por métodos más directos: le arrojó una lanza a David mientras éste tocaba el arpa (ver 19:9). Tras fracasar, Saúl decidió enviar unos soldados a la casa de su yerno para matarlo. Sin embargo, David nunca le devolvió aquellos golpes a Saúl.

Puede que esos obstáculos tan radicales no sean los que encontramos cuando luchamos para dar un significado a nuestras vidas. Pero, como veremos, *las personas con carácter actúan correctamente, sin que importe* el tamaño de los obstáculos. D. L. Moody dijo en una ocasión: "El carácter es lo que hacemos en la oscuridad". Sabía que el carácter verdadero sólo se pone a prueba cuando nos mantenemos fieles en medio de los desafíos y las tentaciones, *cuando nadie está mirando.*

Sabiendo que Saúl era el hombre elegido por Dios en aquel momento, David siguió siendo leal al rey Saúl, a pesar de las amenazas y atentados contra su vida. Cuando finalmente David se vio obligado a huir para salvarse, se dirigió a personas que lo apoyaban en sus convicciones, no en su cinismo. Buscó ayuda en Samuel, el hombre que lo había ungido unos años antes y, después, la buscó en el santo sacerdote Ahimelech. *La pasión y el potencial son a la confianza lo que las personas y los propósitos correctos son al carácter.* Aún así, David, el hombre de recto carácter, se encontró solo en una cueva.

El carácter de la cueva

Como he comentado al comienzo, dediqué los primeros años de mi ministerio a predicar en África y Europa. Mi primer viaje fue una visita de diez días a Uganda, un gran impacto cultural para alguien que nunca había salido de Estados Unidos. Uganda se encontraba sumida en una guerra civil, y estoy seguro de que muchos de ustedes habrán sabido algo sobre las masacres de Idi Amin. Se han escrito innumerables artículos describiendo su sanguinario paso por el poder y se rodó una película donde se describen algunas de sus atrocidades.

Cuando llegué a Uganda, Idi Amin había huido de Uganda. Sin embargo, la guerra civil continuaba y por todas partes había huellas del dolor y el sufrimiento que Idi Amin había impuesto a las vidas de los ugandeses. Los impactos de las balas en las iglesias recordaban a los cristianos que Amin había torturado a los creyentes en los campos de prisioneros, y casi todos hablaban de algún ser querido que había muerto en los combates. Los soldados seguían saqueando las casas y asesinando a civiles inocentes.

Una noche oí los gritos de una víctima inocente en mi barrio. Cuando me levanté por la mañana, supe que su familia estaba preparando su funeral. Lo primero que pensé fue *Dios mío, ¿debería volver a los estudios?* Sabía que en mi familia pensaban que estaba loco por haber viajado a Uganda y ahora estaba decidido a salir de ahí.

Sin embargo, me alegro mucho de no haber salido, porque entonces no habría conocido a un hombre que es como un héroe para mí. Al igual que David, Jotham Mutebi es un hombre cuya vida demuestra la fuerza inherente en el carácter. Además de ser pastor de una iglesia en Masaka, Uganda, era vicepresidente de un gran proyecto para la creación de iglesias en todo Uganda y, por lo tanto, un blanco fácil de las agresiones religiosas de Idi Amin. Su congregación vio cómo se llevaban al reverendo Mutebi a un campo de prisioneros donde la mayoría de los cautivos morían.

El reverendo Mutebi me contó muchas cosas que nunca contaré a nadie, cosas que él no había contado a nadie más pero que tuvo ganas de compartir conmigo, puesto que yo había ido voluntariamente a su país, y vivía en peligro. Estoy de acuerdo con él en que la gente no tiene por qué saber todos los terribles pormenores, pero diré que las atrocidades que él me describió eran casi increíbles. El hecho de que los seres humanos puedan tratarse unos a otros de manera tan horrible como él lo describía es una realidad perversa.

Sin embargo, una parte de la historia del reverendo Mutebi nos ayudará a descubrir la fuerza que tiene el carácter en una vida con significado. Mientras el reverendo estaba en el campo de prisioneros, un guardia le dijo que fumara un cigarrillo. A muchas personas esto les parecerá un acto insignificante, pero para el reverendo Mutebi era muy importante. Pensando que Dios lo llamaba para que se resistiera al poder de las tinieblas, se negó a fumar. El guardia lo amenazó con dispararle si no fumaba, y todos los prisioneros sabían que el guardia podía cumplir su amenaza. Le recomendaron al reverendo Mutebi que fumara si quería seguir con vida.

Aún así, el reverendo se negó. Finalmente, el guardia habló en voz alta para que lo escucharan todos los prisioneros.

—¿Ven ustedes a este hombre, Jotham Mutebi? ¿Lo ven?

Los presos creían que anunciaría su intención de matar al reverendo como castigo por negarse a obedecer. Y el guardia siguió:

—¿Ven a Jotham Mutebi? No lo toquen. Ahora sé que es un verdadero siervo de Dios.

Y lo es. Cuando quedó en libertad, Mutebi se convirtió en un héroe para los cristianos en toda Uganda. Más tarde, fue nombrado director de la organización para la creación de iglesias, y condujo a cientos de iglesias triunfalmente a través de una época de grandes pruebas y tribulaciones. La vida de Jotham Mutebi demuestra —como lo demuestran David y Abraham Lincoln— que lo que hacemos en nuestra cueva importa. Por lo tanto, debemos cultivar ese "carácter de la cueva" para perseverar cuando estamos rodeados por la oscuridad. Cuando nos esforzamos en pagar las facturas, para seguir con nuestro matrimonio después de una infidelidad, o para resolver los conflictos con amigos, estamos demostrando a las personas lo que realmente creemos acerca de Dios.

Huir de la oscuridad

Cuando nos enfrentamos a la oscuridad, nuestro impulso natural es ocuparnos de los asuntos nosotros mismos. Queremos eliminar el malestar; queremos que termine el período de espera. Todos sabemos cómo se habrá sentido David, si bien la lección que aprendemos de lo que realmente hizo es fundamental para vivir una vida con significado. En 1 Samuel 22, David escapa a la cueva de Adulam, a unos veinticinco kilómetros al suroeste de Jerusalén y muy lejos de la visión que David tenía de su vida.

> Yéndose luego David de allí, huyó a la cueva de Adulam; y cuando sus hermanos y toda la casa de su padre lo supieron, vinieron allí a él. Y se juntaron con él todos los afligidos, y todo el que estaba endeudado, y todos los que se hallaban en amargura de espíritu, y fue hecho jefe de ellos;
>
> Pero el profeta Gad dijo a David:
>
> —No te estés en este lugar fuerte; anda y vete a tierra de Judá.
>
> Y David se fue, y vino al bosque de Haret. (vs. 1–2, 5)

¿Qué nos dice este breve pasaje hoy en día? Creo que se desprenden de él tres lecciones, tres verdades que recordar cuando nos vemos tentados a abordar las cosas a nuestra manera en lugar de hacerlo a la manera de Dios: mi decisión afectará a otras personas; hay quienes querrán seguir mi ejemplo; y Dios tiene una voluntad en relación con mis actos.

El profeta Gad le dijo a David que no se quedara en aquella fortaleza (la cueva) sino que fuera al lugar donde Dios había dicho que su visión se convertiría en realidad. Ahora bien, sé que no es fácil conservar nuestra visión y estar alertas a la llamada de Dios cuando tenemos miedo, o cuando estamos amargados o desalentados. Pero es esencial resistir a estas emociones oscuras y negativas, con el fin de que el propósito de Dios para nosotros siga siendo el objetivo de nuestra búsqueda *y* para orientar a nuestros seres más cercanos en la dirección correcta. Además, si tomamos decisiones equivocadas durante nuestros momentos de oscuridad personal, perderemos las bendiciones de Dios. He ahí una de las razones por las que Dios quiere que seamos personas con carácter dentro y fuera de la cueva, guerreros cuyas vidas sean una prueba irrefutable de que Dios es más grande que todas nuestras dificultades y decepciones.

ANTE EL PERDÓN

Otra de las lecciones que podemos extraer de la época de David como "hombre de la cueva" tiene que ver con el perdón. Más específicamente, David nos enseña acerca de la importancia de ofrecer perdón con un espíritu de amor y gracia, no porque seamos capaces de hacerlo por nuestra propia cuenta sino porque sentimos la misericordia de Dios en nuestras vidas. Cuando las cosas se ponen difíciles y nos cuesta obedecer a Dios, la experiencia de demostrar simpatía hacia los demás es sumamente estimulante. Cuando tenemos un mal día, es mucho más fácil darle una patada al perro, echarle la culpa a otros, alimentar rencores y descargar los malos sentimientos en quienes nos rodean. Pero, veamos cómo David se enfrentó a este mal día, por llamarlo así.

Leyendo entre líneas, encontramos una alusión al carácter de David. Concretamente, observemos que mientras David estaba en la cueva, su familia, es decir, el padre que lo había rechazado y el hermano que dudaba de él y lo reñía, vinieron a verlo. He ahí un ejemplo de redención. Su iniciativa nos habla sin duda del carácter de David. Algunas de las personas que lo habían rechazado, después lo siguieron, cuando vinieron días difíciles. Y David no ejerció ningún tipo de justicia contra ellos. Al contrario, los ayudó a encontrar refugio:

> Y se fue David de allí a Mizpa de Moab, y dijo al rey de Moab:

—Yo te ruego que mi padre y mi madre estén con vosotros, hasta que sepa lo que Dios hará de mí.

Los trajo, pues, a la presencia del rey de Moab, y habitaron con él todo el tiempo que David estuvo en el lugar fuerte. (vs. 3–4)

David tenía una oportunidad de oro para castigar a sus críticos. Podría haber hecho que el rey Saúl los atrapara. Pero decidió dejar que la naturaleza de Dios brillara más que su oscuridad. *El carácter expresa el amor de Dios hacia los demás,* incluso hacia quienes nos han herido.

Y la verdad es que resultamos heridos a lo largo del viaje de la vida. De modo que, mientras en la iglesia cantamos himnos a Dios, ¿cuántos somos los que creemos en la naturaleza y la influencia de Dios en el difícil aquí y ahora? Ante la posibilidad de dar lo que se merecía a su familia, que no lo había apoyado, David les dio, en cambio, lo que necesitaban y lo que Dios le había ofrecido gentilmente. David estableció con ellos una nueva relación, una alianza movida por el perdón.

Ese tipo de perdón es esencial porque vivimos en un mundo fragmentado, y abundan en él las ocasiones para ofrecer nuestro perdón. Sin embargo, a la mayoría de las personas que han sido heridas les cuesta aceptar y ofrecer perdón. Quizá nunca los perdonaron en casa cuando niños. Quizá trabajen sometidos a una gran presión, donde la gente no tiene ni siquiera un segundo para levantar la cabeza y saludarse con los compañeros. O quizá encarnan el axioma del psiquiatra que dice que "las personas heridas hieren a las personas". El origen y las causas de todo ese dolor son diversas, pero todas confirman la necesidad de que nuestras iglesias sean lugares donde la gente recibe apoyo, es perdonada, recibe la confianza de los demás y su ayuda. Ésas son, generalmente, las virtudes que atraen a nuevos creyentes a las comunidades de la iglesia.

Podemos aprender del ejemplo de David para ofrecer nuestro perdón en todos los oscuros desafíos —incluso a quienes nos han hecho daño— y, así, fortalecer la comunidad y la confianza. David dio un paso más hacia su destino como rey cuando brindó ayuda a su familia. Dios lo llamó para ser rey porque sabía que David estaría a la altura de ese reto. Y Dios nos llama a tareas concretas porque sabe que, en su poder, también nosotros podemos lograrlo.

La integridad inspira

David no sólo perdonó a los que lo rodeaban sino que se convirtió en su líder (ver 1 Samuel 22:2). Demostró su fe creyendo en el sueño de Dios para ellos, aunque ellos estuvieran abrumados, arruinados y descontentos. Las personas en la cueva se dieron cuenta de que David era diferente del rey que tenían. David no los servía para cumplir con un proyecto personal sino para cumplir con los propósitos divinos.

Días más tarde, otros hombres fueron testigos del débil carácter de Saúl. Cuando a David lo persiguieron hasta echarlo de la ciudad, le pidió a Ahimelec el sacerdote que le diera la espada de Goliat y cinco tajadas de pan del templo del Señor. Cuando Saúl descubrió que Ahimelec había hecho lo que David le pedía, llamó a toda la familia del sacerdote (ochenta y cinco hombres) para que se presentase ante él y preguntó:

—¿Por qué habéis conspirado contra mí?

Y el sacerdote contestó:

> ¿Y quién entre todos tus siervos es tan fiel como David, yerno también del rey, que sirve a tus órdenes y es ilustre en tu casa? ¿He comenzado yo desde hoy [cuando viene a pedir comida] a consultar por él a Dios? Lejos sea de mí; no culpe el rey de cosa alguna a su siervo, ni a toda la casa de mi padre; porque tu siervo ninguna cosa sabe de este asunto, grande ni pequeña. (1 Samuel 22:13–15)

Reflexionemos sobre la reputación que David se había ganado. Había servido fielmente, había vivido por encima de todo reproche y ahora gozaba de una reputación de hombre devoto. La verdad es que cuando Saúl responde a las palabras de Ahimelec ordenando a sus hombres que lo maten a él y a los otros sacerdotes de su familia, los soldados se negaron. ¿Qué entendemos por esto? *La integridad de David inspiraba integridad en las personas e influía en el carácter de quienes lo conocían bien.*

Recordemos que los hombres que pertenecían al ejército de Saúl habían luchado en otra ocasión a las órdenes de David, y después veremos que muchos buenos soldados anhelaban volver a servir a sus órdenes. Sin embargo, por ahora, la actitud de David, cuando decidió hacer el esfuerzo, no era fácil. No adoptó la actitud de *He sido un oficial importante en el ejército de Israel. No contaré con soldados desalentados y derrotados porque he liderado a los mejores de Israel.* Al contrario, David obedeció a Dios y, una vez más, dio a la gente lo que necesitaba.

¿Qué lleva a las personas a servir a Dios de todo corazón? ¿Qué impulsa a los individuos a hacer lo necesario para cambiar el mundo? Creo que la respuesta —en el caso de David, y en el suyo y en el mío y en el de todos— es el carácter. Un carácter devoto es un potencial explosivo que se libera para cambiar circunstancias humanamente imposibles de cambiar.

¿Puede usted cambiar su matrimonio? ¿Puede cambiar su familia? ¿Pueden las iglesias cambiar a las comunidades? Mientras respondo interiormente a esta última pregunta, pienso en un amigo reverendo llamado Mark Crow. Mark vino a trabajar con nosotros en Faith and Family como pastor con los jóvenes cuando yo tenía treinta y un años y él treinta y cuatro. Ya había trabajado como pastor de la juventud en una megaiglesia y lo habían solicitado en otros sitios cuando me llamó para ofrecer sus servicios. Yo no lo llamé a él, sino él a mí. Supo que nuestra iglesia estaba creciendo y sintió que Dios le pedía dar ese paso para colaborar.

Tuvimos una relación excelente durante aquellos años, que fueron los años de la formación de nuestra iglesia. Y cuando Mark cumplió treinta y siete años, se fue de Texas con su mujer y sus cuatro hijos para fundar una iglesia en Oklahoma City. Los únicos recursos que tenía eran su experiencia con Dios, una donación de seis mil dólares de nuestra iglesia, su furgoneta y su familia. Sin embargo, Mark es un tipo lleno de ilusión y energía —es emocionante estar a su lado— y todos en Faith and Family sabíamos que Dios había llamado a la persona adecuada para ese trabajo.

Sin embargo, una semana antes de que Mark y su familia partieran, Mark y yo estábamos juntos cuando sonó su teléfono. Al cabo de unos minutos de conversación, vi que se empezaba a acalorar. Se puso rojo, no paraba de sacudir la cabeza y caminaba en círculos mientras hablaba. Y, de repente, colgó de un golpe y vino hacia mí. Era una llamada de su agente inmobiliario en Oklahoma.

—Esta gente no tiene carácter —empezó diciendo. Yo sabía que durante esos meses Mark había hecho varios viajes a Oklahoma.

Había reclutado a veinticinco personas para ayudarle a comenzar la iglesia, y también había conseguido un edificio. Había hecho una oferta y sellado con un apretón de manos. Ahora esperaba que se redactara el contrato. Sin embargo, el agente llamaba para comunicarle que el representante de la propiedad había llegado a un acuerdo con otra persona.

—No puedo contratar a un abogado —dijo Mark—. ¡No puedo hacer nada!

Estoy seguro de que Mark no es la única persona que ha sentido lo que sintió ese día. Estamos rodeados de personas a quienes les importa un comino nuestros sueños. De hecho, hay quienes parecen extraer una especie de energía haciéndonos las cosas más difíciles. El demonio suele cruzarse en nuestro camino y, al parecer, no le cuesta demasiado encontrar a gente que se una a él. He visto a muchas personas detenerse en la cueva en su camino hacia una vida con significado. En ese momento, esas personas están convencidas de que de alguna manera alguien controla sus destinos, y renuncian. Pero no es verdad que otras personas controlen nuestro destino, ni el suyo ni el mío. Lo controla Dios, y si le damos a Dios lo que nos pide, nos disfrutaremos con lo que nos devuelve.

¿Y qué pasó con Mark? Y bien, yo sabía que Mark era un hombre decidido, pero aquello era un gran contratiempo. Le pregunté qué le había dicho al agente inmobiliario. Y él dijo:

—Le he dicho que voy a viajar a Oklahoma City y que, cuando llegue, los enfermos serán sanados y las vidas cambiarán, y que eso es lo que va a suceder, tenga o no tenga el edificio. Y le he dicho que si no tengo un edificio, iré al parque de la ciudad. Utilizaré la fuente de los pájaros como púlpito, y lo puedo hacer porque soy un Crow (cuervo en inglés, *NdT*). De una manera u otra, ¡tendremos una iglesia estupenda en Oklahoma!

Hoy, la iglesia de Mark tiene miles de miembros. ¿Por qué? Una de las razones es que Mark se enfrentó a su cueva con una fe basada en el carácter. Mark no culpó a otros ni maldijo su situación. Más bien, confió en Dios y obedeció. En aquel momento, tenía a veinticinco personas pendientes de él, preguntándose qué iba a hacer. No era la gente de Mark, era la gente de Dios. Y Mark siguió la visión de Dios y condujo a la gente por el camino correcto. Al igual que Dios, Abraham Lincoln y Jotham Mutebi, Mark Crow decidió ser un ejemplo del poder explosivo de nuestros pequeños actos de obediencia.

Capítulo 5

Sin rendición

Imagine una mujer —quizá alguien como la madre suya— que va en bus de vuelta a casa después de una larga jornada de trabajo. Es una mujer trabajadora y cristiana, de principios rectos y una profunda compasión. Está dispuesta a estar de pie todo el día para ayudar a su familia. Cuando se reclina en el asiento del bus, y deja descansar los pies hinchados y adoloridos, un hombre se le acerca. Es un hombre bastante menor que ella, está en forma y goza de buena salud, pero le pide con malas palabras que le deje el asiento. Ella no puede creer que le pida algo así, pero comienza a recoger su abrigo y sus cosas para abandonar su lugar.

Pero, de pronto, algo en ella cambia. Se ha visto obligada a hacer eso demasiadas veces, y hoy algo ha cambiado. No es sólo que está físicamente cansada, sino que ese trato desagradable le ha provocado un cansancio espiritual insondable. Y sabe que no está sola. Hay miles, sino millones de hombres y mujeres como ella que reciben un trato igual de injusto y, a menudo, mucho peor. De modo que vuelve a reclinarse en el asiento, mira al hombre a los ojos y le dice que no va a ceder su asiento. Su decisión deja al hombre confundido y se convierte en el catalizador de todo un movimiento. Cientos de personas boicotean la línea de bus, se manifiestan ante el gobierno local y participan en una corriente para un cambio de alcance nacional.

La mujer que acabo de describir es Rosa Parks. Es probable que conozcan su historia, pero vale la pena recordarla al reflexionar sobre la importancia de mantenerse firme cuando vivimos una vida con significado. Como muchos estadounidenses en aquellos tiempos, la señora Parks tenía la íntima convicción de que las leyes de segregación racial eran injustas. Sin embargo, estaba condicionada a ser una ciudadana obediente de segunda clase y, al acatar esas mismas leyes, permitía que reinara la indecencia en los corazones de las personas blancas cuando le pedían que cediera su asiento en los buses o cuando la obligaban a usar instalaciones diferentes cuando iba a los aseos o cuando quería tomar un refresco. Pero en ese día trascendente, algo en ella se rompió. Quizá estaba tan cansada que no pudo soportar la obligación de ceder, una vez más, ante lo absurdo de la situación y de la ley de segregación en que se apoyaba. Por lo tanto, actuó de la manera que pensó justa, aunque violara la ley y arriesgara su propia seguridad.

Rosa Parks conservó su asiento en el bus y no tardó en darse cuenta de que ella representaba lo que muchos afroamericanos sentían profundamente. Otras voces no tardaron en sumarse, incluyendo la de un joven reverendo llamado Martin Luther King, Jr. La sencilla decisión de Rosa Parks de hacer lo que era justo se convirtió en el motor de un movimiento de cambio en todo el país que restauró el principio de la dignidad humana. Hoy en día, Rosa Parks es aclamada por ser la fundadora del movimiento por los derechos civiles y un símbolo de cómo una persona que lucha por lo que cree, puede hacer que las cosas sean diferentes. También es el ejemplo de una verdad que es fundamental para una vida con significado: que el carácter es contagioso, y que las personas con carácter atraen a una muchedumbre cuando se arman de razones justas e importantes.

Desde luego, Jesús es nuestro principal ejemplo de la fuerza de carácter, el poder de ser, no sólo de hacer. Somos muchos los que habremos leído "One solitary life", observaciones extraídas de un sermón y, más tarde, convertido en un ensayo atribuido al Dr. James A. Francis. Leamos estas palabras como fuente de motivación y de reflexión, e intentemos identificar la razón principal por la que Jesús se ha convertido en la figura que mejor simboliza la fuente de la vida en la historia del mundo.

> He aquí un hombre que nació en una oscura aldea, hijo de una campesina. Creció en otra aldea. Trabajó en un taller de carpintería hasta que tuvo treinta años. Después, fue predicador itinerante durante tres años.
>
> Nunca fue dueño de una casa. Nunca escribió un libro. Nunca tuvo un cargo público. Nunca tuvo una familia. Nunca fue a la universidad. Nunca pisó una gran ciudad. Nunca se desplazó más de 300 kilómetros desde su lugar de nacimiento. Nunca hizo ninguna de las cosas que suelen ir asociadas con la grandeza. *No tenía más credenciales que sí mismo...*
>
> No exagero un ápice si digo que todos los ejércitos que algún día marcharon, todas las fuerzas navales jamás

> creadas, todos los parlamentos que algún día deliberaron y todos los reyes que algún día reinaron, todos reunidos, no han influido en la vida de un hombre en este mundo tan poderosamente como lo ha hecho esa única vida solitaria.[1]

Las cursivas son mías y las utilizo para subrayar lo que para mí es el principal motivo por el que Jesús se convirtiera en la figura pionera de un movimiento sin parangón. Una vez más, una cuidadosa observación del ministerio de Jesús nos revela que Jesús entendía el poder de ser, y no sólo de hacer.

Pensemos en la vida de Jesús. Hizo algo más que sólo hablar de cómo el Sábado debería beneficiar a la humanidad. Pidió a sus discípulos que se unieran a él mientras caminaba por los campos, recogiendo algunos granos caídos. Los fariseos pidieron una explicación y preguntaron: "¿Por qué hacéis lo que no es lícito hacer en los días de reposo?" (Lucas 6:2). Era precisamente lo que pretendía Jesús. Al igual que Rosa Parks, Jesús sabía que había llegado el momento de mantenerse firme para que la gente abriera los ojos. Esperaba que la ley de la gracia y el perdón de Dios, que es una ley que da vida, reemplazaría a la ley del hombre, una ley que les había robado la vida.

Jesús sabía que era necesario enfrentarse a las autoridades y luego sufrir su persecución porque eso pondría de relieve la importancia de su mensaje y la gente se sentiría inspirada a actuar. Una y otra vez en las Escrituras, leemos que Jesús decía claramente lo que pensaba a las

---

[1] Dr. James Allan Francis, "Jesus: A Brief Life", publicación en hojas sueltas (Los Angeles: American Baptist Publication Society, c. 1930). Una versión anterior del sermón del mismo autor fue incluída bajo el título "Arise, Sir Knight!", en *The Real Jesus and Other Sermons* (Filadelfia: Judson Press, 1926), 123–4.

autoridades judías de la época. Pero Jesús no hablaba sólo de la necesidad de que los religiosos vivieran con las motivaciones adecuadas. Jesús volcó las mesas de los usureros y limpió el templo. No se limitó a predicar contra los prejuicios (y, créanme, los judíos de aquellos tiempos tenían muchos prejuicios). Tuvo que luchar para ayudar a una mujer samaritana de costumbres dudosas, a griegos que buscaban la verdad y a una mujer sirio fenicia con una hija enferma. Jesús enseñó muy claramente su moral a sus discípulos judíos: Ellos eran el pueblo escogido de Dios, pero no el *único* pueblo.

No tenemos espacio aquí para recordar todas las veces que Jesús comunicaba lo que tenía que decir mediante hechos. Sin embargo, quiero contarles otro par de episodios que me fascinan. Cuando Jesús arriesgó su vida en una terrible tormenta en alta mar con el fin de venir en ayuda de la gente, ¿qué dijo?: "Si queréis ayudar a gente como ésta a ser de verdad libres, tendréis que estar dispuestos a aguantar unas cuantas tormentas". Cuando Jesús apareció una y otra vez ante sus temerosos e indecisos discípulos después de su resurrección, ¿qué dijo? "No sólo os digo que os améis los unos a los otros como yo os he amado. Quiero estar seguro de que sepáis qué es el verdadero amor".

El carácter y los compañeros

Puede que a estas alturas, alguien se pregunte: *¿Qué tiene que ver todo esto conmigo? Yo no me veo como Rosa Parks, como Martin Luther King, Jr., el rey David, el apóstol Pablo y, desde luego, no soy Jesús.* Es verdad, pero entonces le pediré que piense en algo importante: ¿Qué recordará la gente acerca de usted?

Cada día descubrimos que hay causas a las que vale la pena unirse, pero yo he aprendido que *alguien tiene que demostrar que vale la pena hacer algo antes de que otros se unan a la acción.* Por eso, el carácter constituye el núcleo de nuestra búsqueda de una vida con significado. Recordemos que el carácter es hacer lo justo a pesar de todo, incluso cuando se trata de algo impopular y difícil.

Pensemos en cómo se forman los grupos que hacen de este mundo un mejor lugar para vivir. ¿No vemos a menudo que esto sucede cuando una persona de carácter atrae a la gente hacia una causa que vale la pena seguir? A medida que las personas se unen, la combinación de sus talentos convierte aquel sueño en una realidad.

Creo que Jesús nunca fue a la universidad, ni escribió un libro, ni tuvo una familia ni ocupó cargos públicos porque intentaba enseñarnos que el ministerio consiste primero en *ser* y luego en *hacer*. Al fin y al cabo, como cuerpo de Cristo, tenemos el privilegio de divulgar su presencia en las vidas de los demás a medida que abrazamos la causa que nos ha dado Dios.

Quisiera volver a David, el personaje central de nuestro estudio, un hombre cuya vida ilustra claramente el principio de las semillas que crecen para convertirse en una vida con significado. En 1 Samuel 22, encontramos una historia emocionante que, en mi opinión, revela una de las razones por las que las personas se animaron a entregar sus vidas al sueño de Dios y a la visión de David.

Hacia el final de 1 Samuel 22, Saúl había matado a los hijos de Ahimelec y a casi toda su familia por apoyar a David. Sin embargo, uno de los hijos de Ahimelec (Abiatar) logró escapar y fue a ver a David. Le contó que Saúl había matado a ochenta y cinco sacerdotes del Señor. Leamos estas palabras con que David contesta a un hombre que ha perdido a toda su familia.

> Yo he ocasionado la muerte a todas las personas de la casa de tu padre. Quédate conmigo, no temas; quien buscará mi vida, buscará también la tuya; pues conmigo estarás a salvo. (1 Samuel 22:22–23)

Personas que aceptan una responsabilidad y que comparten nuestro dolor, el consuelo, la seguridad, una visión; son algunas de las cosas que todos buscamos, ¿no es así? Todos tenemos cicatrices, y por eso nos sentimos atraídos por las personas cuya compasión se manifiesta de tal manera que hacen del mundo un lugar mejor.

Pensemos ahora por un momento en el poder y el carácter. El poder puede ilusionar a las personas durante un momento de asombro, pero el carácter puede unir los corazones de las personas para toda una vida. Buscamos naturalmente a personas que tienen el poder de mejorar nuestras vidas, pero nos mantenemos estrechamente conectados con personas que no sólo tienen el poder que necesitamos sino también un corazón en que podamos confiar.

Recuerdo un campamento de padres e hijos en los primeros días de nuestra iglesia, una experiencia inolvidable. Los padres nos dedicamos a programar dieciocho horas de diversión y actividades para entretenernos: cocina al aire libre, competiciones varias, oraciones en medio de la naturaleza y una carrera de obstáculos. Sin embargo, el tiempo no se prestó demasiado a ello, y nuestros planes se apagaron tan rápidamente como el fuego del campamento. El día se volvió lluvioso y frío, y nos encerramos para pensar en un nuevo programa "a prueba de agua". No recuerdo todos los juegos nuevos que inventamos, pero nunca olvidaré ese fin de semana, ni lo olvidará mi hijo Michael. Los padres podríamos habernos dado por vencidos, pero disfrutamos haciendo un esfuerzo para crear espontáneamente otras formas de diversión. El vínculo con nuestros hijos se hizo más fuerte porque se dieron cuenta lo mucho que los queríamos.

¿No es eso lo que Abiatar sintió cuando habló con David? Sí, y ésta es una lección decisiva para todos los que intentamos vivir una vida con significado: *Cuando solucionamos problemas importantes para los demás, ganamos compañeros.* Cuando actuamos a partir de esta verdad puede darse un proceso de curación entre cónyuges no comprometidos, con hijos distanciados o entre miembros de una iglesia dividida. Hace poco llegaron a mis manos los resultados de un estudio que revelaba lo siguiente: el 90 por ciento de los adultos estadounidenses desean un matrimonio estable para toda la vida, aunque menos del 50 por ciento goza de un matrimonio estable. Creo que una de las razones es que un matrimonio estable requiere que dos personas decidan individualmente cultivar un carácter devoto y vivirlo en sus relaciones. Es el tipo de carácter que se necesita para salvar la distancia entre padres e hijos y también para unificar a iglesias divididas.

El carácter se centra en todo lo que debemos ser para crear un mundo mejor. Pero antes de que Dios inspirara a David y a sus compañeros para crear un Israel mejor, tuvo que convencerlos a todos para que se convirtieran en mejores personas y mejores compañeros con los demás. Esa manera de trabajar unidos tiene un profundo efecto en nuestro comportamiento y en cómo perseguimos los propósitos que Dios nos ha dado.

La colaboración equivale al poder

Los amigos importan cuando vienen los tiempos difíciles. Pensemos en los malos momentos que hemos superado, e imagino que nos vendrán a la cabeza las imágenes de aquellos que nos prestaron una gran ayuda y que queremos de todo corazón.

Esto es, sin duda, una premisa que se cumplía en el caso de David: el hecho de que necesitara a quienes lo rodeaban hizo más profundo su agradecimiento hacia ellos. Como nos sucede a muchos, David entendió que algunos de los tesoros de nuestros momentos más oscuros son las lecciones que aprendemos y las amistades que hacemos o que afianzamos en aquellos trances difíciles. Supongo que es una visión que David legó a Salomón, su hijo, el rey que lo sucedería. Bajo el reinado de Salomón, Israel floreció en riquezas y prosperidad, y eso fue posible sólo gracias a la habilidad de Dios y a la colaboración de Salomón con personas de buen corazón. Leamos lo que Salomón escribe hacia el final de su vida:

> Mejores son dos que uno; porque tienen mejor paga de su trabajo.
>
> Porque si cayeren, el uno levantará a su compañero; pero ¡ay del solo! que cuando cayere, no habrá segundo que lo levante. También si dos durmieren juntos, se calentarán mutuamente; mas ¿cómo se calentará uno solo?
>
> Y si alguno prevaleciere contra uno, dos le resistirán; y cordón de tres dobleces no se rompe pronto. (Eclesiastés 4:9–12)

Es evidente que Salomón entendía cuáles eran los beneficios de la colaboración. Al envejecer, se dio cuenta personalmente de la importancia de tener a personas con talento y carácter a su alrededor. La intuición de este hombre sabio nos revela con maestría los cuatro aspectos de la bendición que Dios nos quiere dar a través de la colaboración.

En primer lugar, *la colaboración favorece la prosperidad.* Cuando las personas unen sus capacidades, pueden lograr más de lo que conseguirían solas. Rosa Parks consiguió más junto al Dr. Martin Luther King, Jr., y todos conseguimos más cuando nos integramos en el grupo adecuado. En Faith and Family Church, siempre decimos que es preferible ser una parte pequeña de algo grande que una parte grande de algo pequeño.

En segundo lugar, *la colaboración brinda protección.* Todos necesitamos a personas que nos apoyen. Nos guste o no, a veces nos sentimos atrapados por un mundo cruel, y tropezamos. Es el momento en que agradecemos tener un amigo que nos ayude a ponernos en pie.

Tercero, *la colaboración alimenta la pasión.* No cuesta mucho que las decepciones y las duras pruebas abrumen nuestros corazones y nos vacíen de energía. Si no hacemos algo, podemos morir interiormente. La camaradería es la manera que Dios tiene de mantener vivo nuestro fuego interior.

Finalmente, *la colaboración da poder.* Dios describe las grandes colaboraciones como una cuerda. Un viejo vaquero me ilustra esta verdad mostrándome su lazo raído y explicándome que todos los hilos de un lazo se rompen en alguna parte. Sin embargo, el trenzado permite que si un hilo se rompe, otro tiene la solidez para mantener el lazo entero. Creo que por eso Dios mandó a Moisés con Aarón, por eso emparejó a Josué con Caleb, y por eso Jesús enviaba a sus discípulos de dos en dos.

Y es por eso que Dios nos llama a crear colaboraciones de calidad antes de que las necesitemos, para que estemos cuando el otro nos necesite, y viceversa. Puede que la importancia de la colaboración no sea tan evidente siempre, pero si pensamos retrospectivamente, veremos con claridad que necesitamos a otras personas. (¡Todos las necesitamos!)

Me gusta la historia del director ejecutivo de una gran compañía de seguros que viaja al pueblo natal de su mujer para una reunión de antiguos alumnos. Se quedan sin gasolina, así que se detienen en una gasolinera. Sale el empleado y el director ejecutivo entra a pagar.

Al salir, ve a su mujer charlando con el empleado y resulta que, según escucha al pasar, los dos habían salido juntos en la escuela secundaria, y ahora hablaban del tiempo pasado. Así que el director ejecutivo deja que su mujer siga conversando, sube al coche y espera un buen rato a que ella suba también. Cuando se van, el director ejecutivo le sonríe y le dice:

—¿Te imaginas? Si no te hubieras casado conmigo, te habrías casado con ese empleado de gasolinera.

Y ella lo mira sonriendo a su vez y dice:

—No, imagínate *tú* que si me hubiera casado con él, tú estarías trabajando en la gasolinera y él sería director ejecutivo.

Los vencedores que logran grandes cosas aprenden a apreciar la importancia de sus aliados en el camino. Saben que las grandes tareas requieren un trabajo de equipo, así que no debemos ignorar a las personas que Dios ha puesto en nuestro camino. Juntos, podemos convertirnos en lo que Él pensó para nosotros y lograr lo que Él desea que hagamos.

La colaboración es igual a la perseverancia

David Swann es un querido amigo, pastor de una iglesia en Clovis, Nuevo México. Es también uno de los fundadores del Significant Church Network, y actualmente es su vicepresidente. Su iglesia tiene unos dos mil fieles en el culto semanal, un número que equivale al 4 por ciento de la población del condado. La iglesia también llega al 10 por ciento de los alumnos de las escuelas secundarias del condado a través de diversas actividades ligadas a su ministerio. Pero no ha sido un camino fácil.

Durante diez años, la iglesia de David no superaba las doscientas personas. Su corazón se resintió, y estaba dispuesto a mudarse a otra ciudad. Me encanta oír el relato que hace su mujer, Roxanne, de aquel trance, porque las mujeres nunca intentan edulcorar las historias. Roxanne me contó que David conversó con ella pocos días antes de la celebración del décimo aniversario de la iglesia. Iba a hablar el presidente del centro de estudios bíblicos del que se había graduado la pareja, y la emoción entre los fieles iba en aumento a medida que se acercaba el fin de semana.

Sin embargo, David compartió con Roxanne una noticia que fue como un balde de agua fría.

—El domingo después de la celebración, cariño —dijo—, anunciaré a los miembros de nuestra iglesia que mi trabajo aquí ha acabado.

Roxanne decía que era como si alguien le hubiera contado que se iba a divorciar en medio de su luna de miel.

Sin embargo, al final, David no se rindió. Al contrario, tuvo fuerzas para seguir creciendo, porque tenía una gran compañera en su mujer. ¿No es eso lo que todos necesitamos? Estoy pensando en personas que viven en lugares nada envidiables, sufriendo malos tratos en el hogar, en una relación que llega a su fin, o en un empleo que parece un callejón sin salida y lleno de gente descorazonada. ¿De dónde sacamos fuerzas para seguir? El relato bíblico del rey David nos enseña que podemos encontrar fuerzas en la colaboración con Dios y con personas de carácter, competentes y amables, que se comprometen a ayudarnos a superar nuestros momentos más difíciles.

En 1 Samuel 23, vemos ese tipo de persona en la vida de David. El Rey Saúl ordenó al grueso de su ejército dirigirse a Keila para sitiar a David y a sus hombres. Keila era una ciudad con puertas y barreras, y Saúl llegó a la conclusión de que era el lugar donde podría capturar a David porque no tendría cómo escapar (ver vs. 7–8).

Sin embargo, uno de los amigos de David ayuda al futuro rey a escapar. He aquí lo que sucede:

> Mas entendiendo David que Saúl ideaba el mal contra él, dijo a Abiatar sacerdote:
>
> —Trae el efod. (v. 9)

El efod era una tela de cuatro colores que, según instrucciones de Dios, el sacerdote debía llevar cuando quería conocer la voluntad de Dios. El color dorado simbolizaba la supremacía del cielo; el azul, honor y exaltación que vienen de lo alto; el púrpura, la condición real de los hijos de Dios; y el escarlata simboliza el sacrificio de Dios en aras de la redención. Estoy seguro de que era un recordatorio muy útil y una llamada a la oración para David.

Y, desde luego, la nueva perspectiva favoreció a David. Escapó de la trampa de Saúl y pasó a la siguiente etapa de su vida con significado, así como David Swann, cuando su mujer le ayudó a encontrar una nueva perspectiva en su actividad pastoral.

En lugar de mudarse a otra ciudad, David Swann dejó que Dios inspirara su corazón. Dios lo llevó a crear una colaboración productiva, esta vez con un exitoso pastor que se preocupaba por otros pastores. David asistió a sus conferencias, compró sus cintas y trabajó duro para madurar como pastor de almas. Cuando los amigos se burlaban de esa inversión que hacía, David respondía:

—Si creen que la educación es cara, ¿qué me dicen de la ignorancia? Amenaza nuestro futuro cada día y nos impide hacer realidad nuestros sueños.

Todos los que conocen a David no tardan en darse cuenta de que se ha convertido en quien es a través de colaboraciones que fomentaban la prosperidad, proporcionaban protección, alimentaban la pasión y creaban poder. Y lo más alentador es que ahora David hace por otros lo que antes otros hicieron por él.

La colaboración es igual a las prioridades

Usted y yo podemos sorprender a nuestro mundo como lo hizo David, pero eso no sucederá si nuestros corazones se muestran indiferentes en esos momentos difíciles en que, a pesar de todo, debemos tomar las decisiones correctas. ¿Qué pasaría si Rosa Parks, David Swann o —aún más significativo— el propio Jesús hubieran permanecido indiferentes a nuestras grandes necesidades y hubieran tomado otras decisiones?

No eran decisiones fáciles. Nos guste o no, el Enemigo nos ataca constantemente cuando perseguimos sueños que valen la pena. Y más nos conviene estar preparados, porque es algo que sucederá independientemente de que nos sintamos o no preparados.

En 1 Samuel 23, David escapó de Keila y se dirigió a las fortalezas del desierto en Zif, para esconderse. En realidad, David sabía que Saúl quería acabar con él (ver 1 Samuel 23:14–15). En ese momento, David necesitaba otro valiente compañero con el mismo carácter.

> Entonces se levantó Jonatán hijo de Saúl y vino a David…y fortaleció su mano en Dios. Y le dijo:
>
> —No temas, pues no te hallará la mano de Saúl mi padre, y tú reinarás sobre Israel, y yo seré segundo después de ti; y aun Saúl mi padre así lo sabe. (1 Samuel 23:16–17)

Jonatán demostró ser un gran amigo. Lo que dijo, en pocas palabras, fue: "Dios ha escogido al hombre de carácter más fuerte para que sea rey de Israel, y para él quiero trabajar". Ésta es una parte esencial del carácter. Cuando conocemos a una persona de carácter que se encuentra en circunstancias difíciles, nuestro deber como pueblo de Dios es ayudar a esa persona a superar los momentos difíciles.

Porque, como hemos visto, el hijo de Saúl no tardó demasiado —como el resto de Israel— en darse cuenta de la diferencia que Dios veía entre David y Saúl.

Saúl luchaba *contra* todos, mientras que David luchaba *por* todos.

Saúl luchaba por *sus* placeres, mientras que David luchaba por los propósitos de *Dios.*

Mi malogrado suegro, el reverendo John Osteen, fue mi mentor, mi pastor y también fue como un segundo padre para mí. Creó una gran megaiglesia de diez mil fieles en tiempos en que las megaiglesias eran raras, y fue el pastor de miles de pastores en Estados Unidos y en todo el mundo. En una ocasión, me contó una historia que nunca olvidaré porque ilustra con mucha exactitud cómo hasta el más grande entre nosotros necesita ayuda para seguir adelante.

John Osteen tenía unos setenta y cinco años y se acercaba al final de su ejemplar vida. Él y mi suegra, Dodie, vinieron en coche hasta Victoria para pasar el día con mi familia. La semana anterior, John había predicado en la celebración del aniversario de la iglesia que él había dirigido cuarenta años antes, cuando tenía poco más de treinta años. En aquella época, John estaba sufriendo las consecuencias de un divorcio no deseado y pensaba que quizá sus circunstancias lo descalificaban como ministro de la fe. Y algunas personas estaban de acuerdo.

Con lágrimas en los ojos, mi suegro dijo:

—Jim, ¿sabes cuál fue el tema de mi sermón en ese aniversario? Hablé de la mujer con la caja de alabastro que ungió a Jesús antes de su crucifixión y su entierro. El perfume recordó a Jesús que esa mujer lo amaba y creía en él, aún cuando los fariseos lo condenaran, el mundo exterior lo criticara y los romanos lo crucificaran. Le dije a la gente que, para mí, ellos habían sido como la mujer de la caja de alabastro. Todo lo que he logrado ha sido sólo gracias a que su fe en mí me dio aliento, y por donde quiera que voy siempre llevo conmigo el bello recuerdo de su afecto.

Ahora yo también tenía lágrimas en los ojos. Y él tenía algo más que decir.

—Jim, si yo hubiera sabido durante esos momentos difíciles el futuro que Dios me deparaba a Dodie y a mis cinco hijos y a los fieles de Lakewood Church, jamás habría pensado en alejarme del ministerio. Seguir adelante con los designios de Dios habría sido fácil.

El carácter importa, el nuestro y el de las personas que nos rodean. El carácter influye en todas nuestras elecciones. Cuando nuestro amor y nuestra fe son incondicionales y mutuos, la vida de todos es mejor. Así que busquemos a los compañeros adecuados y concentrémonos en ser buenos compañeros. Juntos encontraremos a personas valiosas ¡que nos ayudarán en el camino!

CAPÍTULO 6

Construir sobre un lecho de piedra

Recordemos el perfil. En todas las clases había uno. Excelente alumno en todas las asignaturas, el preferido del profesor, dirigía el grupo de estudios bíblicos en la iglesia, era el primer instrumento de la orquesta, trabajaba en el negocio familiar y parecía destinado a ser millonario. Todos consideraban que era muy probable que esa persona alcanzara grandes éxitos. *Es perfecto,* pensábamos, mientras nos comparábamos negativamente con él. Y todos hemos tenido problemas para seguir a las personas cuya vida parecía mejor que la nuestra.

Pero, con el tiempo, llegamos a conocerlos mejor. En realidad, no era el hijo predilecto de su padre, a sus hermanos tampoco les gustaba, y tocaba el arpa porque eso era lo que quería el jefe. Lo despidieron del trabajo, se vio obligado a dejar a su mujer y fue amenazado a punta de navaja. Tenía graves problemas con la familia de la mujer;

algunos de sus parientes eran responsables de varios asesinatos relacionados con la mafia… ¡asesinatos de sacerdotes! Al final, resulta que esta persona, que parecía tener una vida ideal, acababa pasando temporadas en lugares adonde no nos gustaría ir. Ahora es el líder de una pequeña legión de rezagados, y estamos seguros de que nunca soñó con dirigirlos a *ellos*. Si le dieran la oportunidad, sin duda habría vuelto a trabajar para el rey porque, en el fondo, tenía alma de sirviente.

Este hombre cumplía con su deber para con Dios y su país —obedecía la ley y encabezaba un ejército. Sin embargo, dirigía a personas que no eran conscientes de su potencial, así que David se propuso con pasión enseñarles lo que podían lograr los que vivían por las causas justas. Empezaron a ganar, a expulsar a los filisteos de la ciudad de Israel. Pero la ciudad aceptó la victoria, y luego los traicionó, y los hizo huir a refugiarse una vez más en las cuevas.

Ésta es la materia de la que está hecha una vida con significado. *Debemos entregarnos apasionadamente a aquello que es justo, incluso cuando la situación parece indicar que nuestras acciones no influirán para nada.*

Una milla de camino

¿Qué sucede cuando nos metemos en la piel de otra persona? El mundo se ve de una manera bien diferente, ¿no? Esta época de la vida de David ilustra lo importante que son nuestras convicciones esenciales en tiempos de caos. A pesar de la gran presión, David dio a los soldados desmoralizados las armas para convertirse en una tropa triunfante. Seiscientos israelitas aprendieron, bajo el liderazgo de

David, que Dios no crea a los seres humanos para que fracasen. Más bien, son los principios equivocados los que nos conducen al fracaso. Por este motivo, cuando respetamos los principios de Dios las maldiciones se convierten en bendiciones... en matrimonios, hogares, iglesias, comunidades, naciones. David enseñó a sus hombres, y también a nosotros, un camino mejor.

Necesitamos seguir ese camino. La desesperanza y el dolor invaden el mundo. Por eso la gente anhela llevar una vida placentera y tener relaciones significativa. Pero nuestra búsqueda de estas cosas es anticuada. Con demasiada frecuencia intentamos recomponer nuestras vidas mediante la pura fuerza de voluntad, y seguimos dejando que personas equivocadas tengan algo que decir en nuestras vidas. En cambio, si decidiéramos vivir sólo de acuerdo a los principios de Dios y tener relaciones con las personas adecuadas, las bendiciones que Dios nos depara podrían materializarse antes de lo que esperamos.

Para ilustrar esta idea, contaré la historia de una mujer que conozco que se llama Isabel. En los comienzos de mi ministerio, cuando la vida era un frenesí debido al rápido crecimiento de mi familia y de mi iglesia, Isabel venía a ayudar a mi mujer, Tamara, en la casa. Isabel tenía voluntad de servicio y buen corazón. Conmigo, con mi familia y, sobre todo, con Dios.

Sin embargo, de pronto ocurrió lo inesperado. El marido de Isabel la acusó injustamente de algo y se divorció de ella. No hace falta decir que Isabel estaba destrozada y, durante muchas semanas, fue muy visible el peso que llevaba encima. Seguía sirviendo a Dios, pero no de la misma manera que antes del divorcio. Sabíamos que tenía el corazón destrozado, pero no podíamos hacer gran cosa. Su marido creyó una mentira, se fue de la casa, y ya está. Así era, al menos, para mucha gente. Pero no para Isabel. Al cabo de un mes, observé que algo cambiaba en ella.

Nunca lo dijo abiertamente, pero vi que llegaba a dominar la situación y volvía celosamente a servir al Señor. En realidad, al cabo de un tiempo vi que servía a Dios incluso con más fervor que antes. También era más consciente del dolor de otras personas, y se propuso ayudar a cambiar la vida de las personas que sufrían y que ella conocía. Para decirlo con pocas palabras, se puso el hábito de la alabanza, y nuestra congregación vio con alegría que la luz volvía a sus ojos. Fue muy bello ver cómo esta mujer increíble volvía a encontrar la alegría a pesar de su gran pérdida.

Un domingo por la noche yo estaba saludando a la gente desde el púlpito y vi a Isabel que pasaba corriendo frente al santuario con el ánimo de un corredor olímpico. Pensé que alguien se habría roto la cabeza y que la buena de Isabel se apresuraba a prestarle ayuda. Y entonces la vi detenerse delante de un tipo atractivo que acababa de entrar en nuestra iglesia. *Un pariente,* pensé. *Quizá alguien que ha invitado a la iglesia.*

Al día siguiente, cuando Isabel llegó a casa para ayudar a Tamara, le pregunté quién era ese hombre. Me dijo que se había fijado en aquel hombre atractivo pero que no era un pariente. Entonces dijo:

—Reverendo, usted nos ha enseñado que, según la Biblia, la fe sin obras está muerta. Cuando vi a ese hombre, supe que tenía que actuar inspirada por mi fe.

Isabel me explicó que Dios le había abierto su corazón a la posibilidad de volver a salir con un hombre. Para contarlo en pocas palabras, Isabel y ese atractivo visitante hoy están casados. Nunca pudieron tener hijos, así que adoptaron a su querido Jeremiah.

Yo respeto a Isabel por muchas razones, pero lo que más respeto es su decisión de seguir viviendo por la fe después de que el error de otra persona hundió su vida en el caos. Recordemos que *el carácter es hacer el bien pase lo que pase,* y un carácter así tiene el poder de cambiar vidas.

A la luz de esa verdad, pensemos en atender a otras cosas después de peinarnos por las mañanas. Usted y yo también podemos modificar nuestras actitudes y nuestro carácter y tener un impacto positivo en las vidas de los demás. Lamentablemente, me temo que muchas personas que sufren nunca aprendieron que todos perdemos cosas valiosas o que todos nos sentimos abrumados ante circunstancias arrolladoras. Sin embargo, ésos son los episodios de nuestra vida en que mostramos nuestro verdadero carácter. Algunos se quejan: "Si Dios me quisiera de verdad, nunca dejaría que esto me ocurriera a mí", "Yo sólo soy una empleada", "Haga lo que haga, esta situación no tiene arreglo". A algunos nos da por adoptar una actitud de condena: "¿Dónde están mis amigos cuando los necesito?", "El reverendo nunca vino a verme", "La iglesia no es más que un atado de hipócritas".

Nos conviene más recordar que, más allá de que algunos quieran ayudarnos en tiempos difíciles, nosotros mismos debemos poner en práctica la fe si queremos superar la oscuridad. El Libro de Proverbios nos enseña: "Porque cual es su pensamiento en su corazón, tal es él" (Proverbios 23:7). Esta verdad significa que el sueño que atesoro en mi corazón día a día es lo que mi vida será mañana.

Y, según mi experiencia, a menudo sucede que las circunstancias parecen confirmar que Dios permite a nuestro Enemigo golpearnos como si fuéramos sacos de boxeo. Es cuando debemos recordar que Dios nos ha pedido que nos mantengamos firmes y nos ha prometido que esa firmeza nos traerá sus bendiciones en el futuro.

Por otro lado, a veces nuestra propia naturaleza humana nos hace tropezar y comprometer nuestro futuro. Suponer que David era un hombre con voluntad de hierro, por ejemplo, sería un error. De hecho, la Biblia nos muestra claramente que era una persona falible. Como nos sucede a nosotros, el hecho de que David era humano interfería en su vocación. Sin embargo, sus errores lo obligaron a vivir como Isabel —buscando su salvación "con temor y temblor" (ver Filipenses 2:12).

Conozcamos nuestras verdaderas batallas

David llevaba una vida recta, pero todo parecía acabar mal. Al igual que Isabel, David hacía todo lo que sabía hacer, sólo para acabar decepcionado con los resultados. En 1 Samuel 24, vemos a Saúl que persigue encarnizadamente a David, buscándolo por las montañas de cueva en cueva.

> Y tomando Saúl tres mil hombres escogidos de todo Israel, fue en busca de David y de sus hombres, por las cumbres de los peñascos de las cabras monteses.
>
> Y cuando llegó a un redil de ovejas en el camino, donde había una cueva, entró Saúl en ella para cubrir sus pies; y David y sus hombres estaban sentados en los rincones de la cueva. Entonces los hombres de David le dijeron:
>
> —He aquí el día de que te dijo Jehová: He aquí que entrego a tu enemigo en tu mano, y harás con él como te pareciere. (vs. 2–4)

Ahí estaba, la oportunidad que todos esperaban. David podía demostrarle de una vez por todas a Saúl quién mandaba, y todo Israel se regocijaría, sabiendo que su nuevo rey aprovechaba la oportunidad. Sin embargo, David veía la situación con ojos diferentes, y se limitó a "cortar la orilla del manto de Saúl" (v. 4). Aún así, la Biblia dice que David estaba "turbado de corazón" (v. 5). Y dijo a todos sus hombres:

> —Jehová me guarde de hacer tal cosa contra mi señor, el ungido de Jehová, que yo extienda mi mano contra él; porque es el ungido de Jehová. (v. 6)

Ahora avancemos varios miles de años hacia el futuro. Si David se presentara como candidato a la presidencia de Estados Unidos, ¿qué diríamos de él? ¿Lo llamaríamos como un oportunista? ¿Lo elogiaríamos por ser un hombre de conciencia? ¿Un líder que une a las personas en lugar de dividirlas? ¿O lo trataríamos de debilucho? A los estadounidenses nos gusta ocuparnos de las cosas personalmente, controlar nuestros propios destinos, y reponernos gracias a nuestros propios esfuerzos. Nos gusta una buena pelea, y admiramos a las personas que pueden darle la vuelta a una situación.

Sin embargo, como he dicho, David veía las cosas de manera diferente. La opinión pública no importaba porque David servía a Dios. El pasado de Saúl no importaba porque David vivía para la redención, no para la venganza. David podría haber matado a Saúl pero no lo hizo porque le importaba más su carácter que la mera conveniencia. De modo que en lugar de cumplir con los deseos de sus seguidores, David actuó siguiendo su conciencia, y eso le permitió actuar de acuerdo con la voluntad de Dios. Como una persona de carácter, David entendió que una cultura malsana no puede ser superada copiando o utilizando sus métodos. Al contrario, sabía que se debe proponer una cultura superior con la esperanza de que algún día será imitada. Fue lo que dijo el apóstol Pablo a los romanos cristianos que sufrían por vivir en una cultura sin Dios: "No seas vencido de lo malo, sino vence con el bien el mal" (Romanos 12:21).

Sin embargo, la cruda verdad permanece: a veces, todos los motivos divinos justos parecen no producir cambios en este mundo, y entonces nos vemos tentados a propiciar dicho cambio con medios terrenales.

El poder de la obediencia

En los años cuarenta del siglo pasado, un hombre llamado Clarence Jordan fundó Koinonia Farm, en Americus, Georgia. El doctor Jordan era un hombre de una habilidad y carácter nada habituales. Poseía dos doctorados, uno en agricultura y otro en hebreo y griego. Era un hombre con tanto talento que podría haber escogido lo que quisiera. Y escogió servir a los pobres.

Koinonia Farm ayudaba tanto a los blancos pobres como a los negros pobres. Como se pueden imaginar, aquella idea no cayó demasiado bien en el profundo sur de aquella época. Es una paradoja que gran parte de la resistencia proviniera de personas de la iglesia que se regían por las leyes injustas de la segregación con el mismo rigor que los demás ciudadanos.

La gente del pueblo hizo todo lo que pudo para detener a Clarence. Pinchaban las ruedas de los coches cuando sus trabajadores iban al pueblo, y organizaron un boicot de sus productos. Esta presión se ejerció sin parar durante catorce años. Finalmente, en 1954, el Ku Klux Klan decidió que ya estaba harto de Clarence Jordan, y quisieron deshacerse de él de una vez por todas. Llegaron una noche con armas y antorchas y prendieron fuego a todos los edificios de la granja, salvo la casa de Clarence, que dejaron hecho un coladero a balazos. Desalojaron a todas las familias, salvo una familia de negros que se negó a irse.

Clarence reconoció las voces de muchos hombres del Klan y, como era de esperar, algunos de ellos eran miembros de la iglesia. Otro era un reportero de un diario local. Al día siguiente, el mismo reportero vino a ver lo que quedaba de la granja. Las ruinas todavía humeaban y la tierra estaba quemada, pero encontró a Clarence trabajando con el azadón y sembrando en el campo.

—He oído las terribles noticias —dijo a Clarence—, y he venido para escribir un reportaje sobre la tragedia que significa para usted tener que cerrar la granja.

Clarence siguió arando y sembrando. El reportero no dejaba de hurgar y lanzar miradas por todas partes, intentando interrumpir a aquel hombre silencioso y decidido que, en lugar de embalar sus pertenencias para marcharse, seguía arando y sembrando. De pronto, el reportero dijo, con voz altanera:

—Y bien, doctor Jordan, puede que tenga usted dos doctorados y que haya invertido en esta granja catorce años de trabajo, pero ahora no le ha quedado nada. En realidad, ¿cree que ha tenido algún éxito?

Clarence paró de arar. Se volvió con sus ojos penetrantes hacia el reportero y habló con voz pausada pero firme:

—Más o menos el mismo éxito de la Cruz. —Y siguió—. Señor, creo que usted no nos entiende. Nosotros aquí no trabajamos para el éxito sino por la fidelidad. Nos quedaremos. Buenos días.

Clarence y sus colaboradores reconstruyeron Koinonia, y la granja ha funcionado bien hasta nuestros días.

Las personas que viven una vida con significado, personas como el rey David y Clarence Jordan, nos obligan a replantearnos nuestras ideas sobre la fuerza y la debilidad. Yo, desde luego, admiro el valor de tener el poder necesario para devolver los golpes (fuerza), pero la capacidad de devolver los golpes no significa que sea necesariamente la mejor alternativa ni que corresponda a la voluntad de Dios. Sé que a veces he convertido problemas pequeños en grandes problemas al pretender devolver los golpes solo, y supongo que ustedes también. Incluso cuando parecía haber ganado la discusión o pelea, después descubría que había perdido algo mucho más valioso, como el afecto de una persona, la lealtad del equipo o el favor que habría arrojado mejores beneficios.

Ahora bien, llegado a ese punto, David había hecho un trabajo bastante ejemplar demostrando a sus hombres que la debilidad no es la falta de voluntad para actuar. Más bien, la debilidad es actuar de manera que saboteamos el impacto que tenemos para Dios. David seguía teniendo aspecto de niño bonito, pero incluso una persona con el carácter de David puede venirse abajo si aumenta la presión. Y la presión iba en aumento.

En 1 Samuel 25, leemos que Samuel muere. El mentor de David ya no estaba a su lado, aunque él seguía teniendo dilemas. Todo Israel se reunió para llorar la muerte del profeta. Todo Israel, excepto David, que seguía figurando en la lista de hombres más buscados de Saúl.

Poco después, se celebraban fiestas en Israel (probablemente la pascua judía) y David seguía en el desierto. Cualquiera que no haya podido llegar a casa para Navidad sabrá cómo se sentía David. Eran tiempos aciagos para él. Vivía como un vagabundo, había perdido a su mentor, no pudo asistir al funeral y no podía volver a casa para las fiestas.

Fue entonces que vio a un granjero de los alrededores esquilando una oveja y mandó a sus hombres con un mensaje:

> Ahora, tus pastores han estado con nosotros; no les tratamos mal, ni robamos tus ovejas. Pregunta a tus criados, y ellos te lo dirán. Hallen, por tanto, estos jóvenes gracia en tus ojos, porque hemos venido en buen día; te ruego que des un poco de carne y pan a tus siervos. (ver vs. 7–8)

Nabal era el dueño de las ovejas, un hombre gruñón, bastante rico, por cierto. Era dueño de mil cabras y tres mil ovejas. Esto es lo que Nabal dijo:

> Y Nabal respondió a los jóvenes enviados por David, y dijo:
>
> —¿Quién es David, y quién es el hijo de Isaí? Muchos siervos hay hoy que huyen de sus señores. ¿He de tomar yo ahora mi pan, mi agua y la carne que he preparado para mis esquiladores, y darla a hombres que no sé de dónde son? (vs. 10–11)

Nabal no sabía con quién trataba ni sabía de las victorias militares que David tenía a su haber. Al parecer, Nabal también había olvidado que si una persona necesitada con una buena reputación nos pide participar en la celebración del Señor, no ganaremos ni respeto ni aliados si le negamos a esa persona lo que pide.

En el caso de Nabal, dijo lo que no debía en el momento menos indicado, y a David le dio un ataque de ira.

—¡Cíñase cada uno su espada! —ordenó David. La narración sigue.

> Y subieron tras David como cuatrocientos hombres, y dejaron doscientos con el bagaje. (v. 13)

La respuesta de David no debería sorprendernos. No importa quiénes seamos o en qué consista nuestro trabajo, a veces la presión nos hace vulnerables y, con el tiempo, nos cansamos y nos volvemos débiles. Y cuando estamos débiles, a veces tomamos decisiones con que saboteamos nuestra existencia. Incluso los líderes que más respetamos (o, quizá, *sobre todo,* los líderes que más respetamos) a menudo viven en estados emocionales peligrosos y pueden actuar de manera impulsiva.

Armarse con aliados

La tentación de actuar impulsivamente es otra de las razones por las que Dios nos llama a establecer relaciones con personas de probado carácter. El presidente Ronald Reagan comentó en una ocasión: "El ruido más maravilloso que puede oír un hombre es el sonido de pasos que vienen a recibirlo a la puerta". Hasta las personas más poderosas del mundo necesitan saber que alguien en quien confían está ahí para fortalecerlos, y estas personas poderosas deben escoger a sus aliados con sabiduría.

En este caso, sin que David lo supiera, la mujer de Nabal, Abigail, intercedió en nombre del marido:

> Entonces Abigail tomó luego doscientos panes, dos cueros de vino, cinco ovejas guisadas, cinco medidas de grano tostado, cien racimos de uvas pasas, y doscientos panes de higos secos, y lo cargó todo en asnos. (v. 18)

Luego, subió en su propio asno y fue a ver a David en persona. En el Capítulo 5 hablábamos de la importancia de las colaboraciones devotas. He aquí un ejemplo perfecto de por qué tenemos que rodearnos de gente con carácter. Cuando Abigail vio a David, se inclinó humildemente ante este hombre que esgrimía la espada. Esto es lo que dijo:

> —Señor mío, sobre mí sea el pecado; mas te ruego que permitas que tu sierva hable a tus oídos, y escucha las palabras de tu sierva. No hagas caso ahora mi señor de ese hombre perverso, de Nabal; porque conforme a su nombre, así es... Él se llama Nabal, y la insensatez está con él. (vs. 24–25)

Abigail se presentó ante David y le imploró que perdonara a su marido. Ella vio lo que Nabal no había visto, a saber, que cualquiera que mata por la espada, por la espada muere. Por lo tanto, tuvo la sabiduría suficiente para salvar a su marido de sí mismo.

Esta situación me recuerda una escena de *Braveheart*, una de mis películas preferidas. William Wallace se adentra en el bosque en una misión de reconocimiento. Le sigue los pasos un *scout* enemigo, y Wallace no lo sabe. De pronto salta delante de él un hombre blandiendo un hacha. Wallace está seguro de que se trata de un enemigo, porque todo indica que pertenece a una tribu celta... y cualquiera sabe que los celtas están locos. Sin embargo, Wallace no se decide a luchar hasta que el hombre lanza su hacha contra él. Wallace se agacha y el hacha le da al verdadero enemigo, el que lo acecha por la espalda. Resulta que el hombre frente a Wallace, que debería haber sido el enemigo es, de hecho, un aliado, y que el hombre que lo seguía, que debería haber sido aliado era, en realidad, un enemigo.

¿Le ha ocurrido alguna vez algo parecido? ¿Alguna vez alguien que parecía un enemigo se ha convertido en un amigo, o viceversa? Si así ha sido, ya conoce la importancia de tener a personas de carácter recto guardándole la espalda.

La oscuridad hecha luz

Recordemos que los sueños que se cumplen nos exigen obedecer principios sabios, aún cuando no nos entusiasme demasiado la idea. David, mi amiga Isabel y Clarence Jordan ilustran la importante lección de que los principios de Dios actúan tal como Él prometió que actuarían, y que funcionan para diferentes gentes en lugares muy dispares.

David sabía lo importante que era lidiar con su carácter cuando debía tomar decisiones bajo presión. Es por eso que, cuando escribió su último canto como salmista de Israel, después de que el Señor lo libró de todos sus enemigos, incluyendo a Saúl, pudo declarar:

> Por lo cual me ha recompensado Jehová conforme a mi justicia;
> Conforme a la limpieza de mis manos delante de su vista.
> Con el misericordioso te mostrarás misericordioso, Y

> recto para con el hombre íntegro. Limpio te mostrarás para con el limpio, y rígido serás para con el perverso. Porque tú salvas al pueblo afligido, mas tus ojos están sobre los altivos para abatirlos. (2 Samuel 22:25–28)

Es difícil vivir en este mundo sin que un pensamiento maligno y sucio influya alguna vez nuestros corazones. Sin embargo, debemos tener las manos limpias a ojos de Dios si queremos que nuestro Dios en los cielos nos recompense por nuestra vida en la tierra. Por otro lado, a veces es más fácil desenvainar la espada que obedecer los principios divinos. Con una espada, nos deshacemos del problema enseguida, pero debemos tener cuidado puesto que la espada no hace más que crear un problema aún mayor. Todos tenemos a nuestro alcance la espada y el Espíritu de Dios, y las personas sabias se rodean de amigos que le ayudan a elegir al Espíritu de Dios cuando pasan por un período de crisis emocional grave.

David vio en Abigail a una persona que entendía la importancia de actuar según la naturaleza de Dios. Con ese gesto, ella mostró a David exactamente lo que necesitaba ver cuando, en un momento de debilidad, estuvo a punto de cometer un error al elegir la espada. Por eso, después de la muerte de Nabal, David le pide que sea su compañera (ver 1 Samuel 25:39).

Por cierto. Los estudiosos que comentan este período de la vida de David dicen que si David hubiera matado a Saúl o a Nabal, es muy posible que sus propios hombres lo habrían matado a él. Esta reflexión se basa en un error que David cometió más tarde, un error que afectó negativamente sus vidas, y entonces hablaron de lapidarlo (ver 1 Samuel 30:6).

Lentamente pero con paso seguro, David se preparaba para llevar a cabo una vida significativa como rey. En su juventud, aprendió la importancia de enfrentarse a las pruebas con seguridad y confianza. Quizá su vida inspiró al autor de la epístola a los hebreos para que nos inspirara a todos. "No perdáis, pues, vuestra confianza, que tiene grande galardón" (10:35).

Ahora, cuando se debatía en una lucha interna, David eligió el carácter y Dios le enseñó que el carácter es la armadura con que deben luchar los vencedores. Leamos detenidamente estos dos versículos de las Escrituras que hemos comentado anteriormente, un pasaje donde se celebra el poder del carácter.

> Tú eres mi lámpara, oh Jehová;
> Mi Dios alumbrará mis tinieblas.
> Contigo desbarataré ejércitos. (2 Samuel 22:29–30)

Ahora, nos formularemos un par de preguntas. ¿En qué cueva estamos? ¿La oscuridad nos asusta? ¿Hemos actuado según la voluntad de Dios en nuestro corazón y en nuestras vidas? ¿Nos hemos rodeado de amigos que entienden el peligro que corremos?

Si nos centramos en lo que Dios nos ha dado y en sus promesas, podemos armarnos de valor, sabiendo que saldremos victoriosos de nuestra cueva. Como dijo el propio David:

> *Hubiera yo desmayado,* si no creyese que veré la bondad de Jehová en la tierra de los vivientes. Aguarda a Jehová; Esfuérzate, y aliéntese tu corazón. (Salmos 27: 13–14).

El carácter es un rasgo decisivo para lo que somos en lo más profundo y para las decisiones que tomamos todos los días. *Cuando entendemos que Dios nos ha creado con capacidades, preferencias y habilidades únicas, podemos avanzar sin dudar, más allá de las cuevas en que nos encontramos.* Seremos capaces de influir en quiénes somos como hijos suyos, impulsados por su verdad y decididos a cumplir con nuestro potencial divino.

Tercera Parte

La concentración

Bendeciré a Jehová que me aconseja;
Aun en las noches me enseña mi conciencia.
A Jehová he puesto siempre delante de mí;
Porque está a mi diestra,
no seré conmovido.

Salmos 16: 7–8

Capítulo 7

Cinco caminos

En casa con mi familia, quizá como sucede en la suya, nos gusta mirar películas clásicas de Navidad durante las vacaciones. Una de nuestras preferidas es *Qué bello es vivir*, con el encantador Jimmy Stewart en el papel de George Bailey, un hombre que vive una peligrosa encrucijada espiritual y que descubre que la felicidad no depende de cuánto dinero tengamos sino del amor de los amigos y la familia. Aunque cuestionaría parte de la teología de la película (no me convence demasiado el sistema de méritos de los ángeles), la historia nos recuerda que debemos prestar atención a lo que nos ha sido dado y a cómo nuestras vidas se desenvuelven entre las de los demás. Me gusta porque nos recuerda que todos somos importantes, sin que importe dónde vivamos, ni lo pequeño que sean nuestros círculos de influencia, o sin importar en qué condiciones viven nuestros semejantes. Es una historia que nos recuerda que debemos aferrarnos a nuestra fe, incluso cuando nuestras vidas se desvían del camino.

Hace poco volví a ver esta película, y recordé con cariño a mi amigo Pat Butcher, que vive en un pueblo en el este de Kentucky. Igual que George Bailey, creció en la misma ciudad donde ahora trabaja. La gente del pueblo lo conoce, conoce a su familia y su pasado. Pat se ausentó del pueblo los años que fue a la universidad, tuvo ganas de viajar y se imaginó siguiendo una carrera emocionante que lo llevaría a viajar por el mundo. Sin embargo, poco después ya estaba de vuelta, trabajando en la granja porcina de su familia.

—Volví —dice—, porque en realidad no sabía qué quería hacer. Y, ya que mi hermano y la familia seguían trabajando en casa, pensé que todavía tenía deudas que pagar en la granja.

Pat nunca imaginó que viviría su vida significativa sirviendo a las personas con las que había crecido. En el fondo, sabía que él había cambiado mientras estaba en la universidad, pero las vidas de ellos no habían cambiado mucho. No es que Pat se sintiera superior a ellos, sólo diferente, y no estaba seguro de que sus antiguos amigos estuvieran dispuestos a aceptarlo tal como era ahora. Y, como bien sabemos, en un pueblo no hay donde esconderse.

Cuando ya había pasado un tiempo desde su regreso, una iglesia local supo que Pat había vuelto y lo invitó a que fuera hablar. A los miembros de la iglesia les gustó tanto que le pidieron que fuera su pastor, y él acordó quedarse un año. De pronto, Pat empezó a viajar, es verdad, pero sólo por el condado, no alrededor del mundo como un día había soñado. Aunque ya había pensado en convertirse en pastor de la iglesia, no estaba seguro de que correspondiera a su vocación. Aún así, siguió su labor.

Al cabo de un año en la iglesia, Pat volvió a la granja porcina a trabajar con su familia. Aún no sabía qué hacer, y organizó un grupo de estudios bíblicos en su casa. El grupo creció lentamente hasta que finalmente necesitaron un lugar más grande para reunirse. Era cada vez más evidente que Dios quería que Pat fuera el pastor de esa pequeña grey. Con un sentido más claro de su orientación, Pat comenzó a buscar un lugar de reunión para el grupo, y no tardó en encontrar un local donde todos pudieran seguir creciendo.

—Firmé para el alquiler de una tienda, cinco años —me contó. Aunque no tuviera una congregación lo bastante grande con recursos para pagar el alquiler, Pat tenía un plan.

—Iba a pagar con mis cerdos.

Sin embargo, un par de días más tarde, se desató una tormenta, con precipitaciones de varios centímetros en menos de una hora. El pueblo se inundó. Preocupado por sus cerdos, Pat fue hasta la granja y se encontró a su padre, que lo esperaba.

—Tengo malas noticias —dijo éste—. Empezó a inundarse todo y los cerdos corrieron a refugiarse a sus porquerizas. Me temo que han muerto todos, hijo.

Paremos aquí un momento. ¿Qué haría usted si se encontrara en la situación de Pat? Acaba de firmar un alquiler, los acreedores vendrán tarde o temprano a cobrar, y su fuente de ingresos acaba de ser borrada de la faz de la tierra. ¿Le ha ocurrido alguna vez? Quizá vencía el pago de la hipoteca, o no podía pagar la factura de la luz, o sus hijos necesitaban medicamentos justo cuando se había echado a perder la cocina. Piense en cómo reaccionaría al perder a todos sus cerdos en una inundación.

Durante las inundaciones de la vida, resulta muy tentador desanimarse. Incluso quienes poseen la fe más sólida pueden tener ganas de renunciar cuando la vida los golpea. He observado que en tiempos difíciles, las personas llegan a todo tipo de conclusiones. Culpan a Dios, se deprimen porque la vida se les ha vuelto en contra o simplemente abandonan porque nada les resulta como ellos quieren.

Y, para hacerlo más grave, ¿qué pasa si usted es como Pat —o como George Bailey— y los sueños que tiene para sí mismo no se hacen realidad? ¿Qué pasa cuando su vida se desvía del camino que había trazado? ¿Cómo se siente cuando el futuro con que soñaba se desvanece o necesita desesperadamente un apoyo vital? Teníamos planes para vivir aventuras en el mundo y experiencias emocionantes pero, en cambio, nos encontramos en el mismo punto de partida, una granja porcina en un pueblo cualquiera.

Como hemos visto en la parte anterior, como David, no podemos salir de nuestras cuevas, por mucho que lo intentemos, y nos invade el desánimo buscando una luz al final del túnel. Quizá nuestros amigos se casaron bien, pero nosotros todavía estamos solteros. Quizá nuestros amigos de la escuela secundaria se marcharon a la universidad, se mudaron a la gran ciudad y tuvieron éxito. Quizá otros tienen hijos, y nosotros no. Podemos encontrar varias razones para pensar que no hemos hecho gran cosa en la vida, y es precisamente en ese momento que alguna otra cosa falla y nos lleva a preguntarnos si vale realmente la pena desplegar tanto esfuerzo para intentar mejorar nuestras circunstancias.

Hay aquí una importante lección sobre lo significativo que debemos aprender. Mi amigo Pat lo expresó bien: "Si vas a servir a Dios, habrá unas cuantas pruebas por el camino. En aquellos momentos en que te quedas mirando un cerdo ahogado, el Señor quiere saber si de verdad estás con él". De eso trata la fe: Y *la fe es el mortero que mantiene unidas las piedras angulares de la confianza y el carácter, a pesar de las arenas movedizas y las mareas de la vida.* Puede que a menudo sintamos que vivimos al margen de la vida en lugar de recorrer los caminos que habíamos trazado para nosotros mismos, pero debemos confiar en que Dios no dejará de orientarnos hacia nuestro destino. La fe nos permite adaptarnos a las circunstancias inesperadas y no deseadas sin por ello renunciar a Dios y a sus designios.

Aunque estas situaciones desesperadas son sumamente difíciles, e incluso dolorosas, se pueden convertir en un fuego que destila significados. Cuando estamos contra la pared, a menudo nos damos cuenta de que no tenemos a dónde ir, y caemos de rodillas. En esos momentos en que carecemos del talento o de los recursos necesarios, aprendemos de verdad lo fiable que es Dios. Pat, por ejemplo, se dio cuenta de que si ésa era la voluntad de Dios, Dios se ocuparía de todo. El Señor le dijo: *No veas esos cerdos como la fuente de tu sustento.*

El problema de Pat no se resolvió de inmediato, pero su historia es un claro ejemplo de las personas trascendentes que aprenden a confiar en Dios en los momentos más difíciles. Sin que importe lo seguros que somos, ni el carácter que tengamos, la vida a veces toma rumbos delirantes, y es fácil que acabemos saliéndonos del camino. Cuando eso sucede, debemos recordar que la visión de Dios se nutre de sus recursos divinos, mientras que nuestra visión sólo se basa en el capital humano. Esa verdad facilita nuestro compromiso.

La economía de Dios

Hubo un tiempo en la historia de Estados Unidos en que el motor a vapor fue el símbolo de la prosperidad del país. Gracias a su versatilidad, se produjo un crecimiento económico a toda escala y, con ese crecimiento se alcanzaron niveles de vida totalmente nuevos. Gracias al ferrocarril, impulsado por el motor a vapor, los productos no perecederos podían viajar de un extremo al otro del país a un coste más bajo, lo cual mantenía los precios bajos para los consumidores. La velocidad a la que se transportaban los productos trajo a Estados Unidos un mundo de prosperidad. De pronto, había una amplia gama de mercancías a precios moderados, y la mayoría de las personas no podían dejar de comprarlos. El país entero parecía haberse lanzado a una carrera desenfrenada de consumo.

Puede que esta idea les parezca algo rara, pero yo veo en la Revolución Industrial, con su transición a una economía capitalista nueva y más agresiva, un maravilloso modelo de gracia. De hecho, me viene a la mente un pasaje de Efesios 1:

> [Dios] habiéndonos predestinado para ser adoptados hijos suyos por medio de Jesucristo... para alabanza de la gloria de su gracia, con la cual nos hizo aceptos en el Amado. (vs. 5–6)

Creo que la gracia de Dios —como el cambio que se produjo en Estados Unidos, de una economía basada en la agricultura a una economía industrial— nos trae a los creyentes todo un nuevo mundo de prosperidad y de posibilidades. A través de lo que el apóstol Pablo llamó "la superabundante gracia de Dios" (2 Corintios 9:14), nuestro Padre celestial nos alza de donde estamos y nos transporta a lugares donde sólo Él puede llevarnos. Sin embargo, debemos permanecer a su lado, incluso cuando no entendemos exactamente qué está sucediendo en nuestras vidas.

¿Ha notado usted que Dios nos brinda su gracia en toda libertad y que su voluntad para cada uno de sus hijos es una vida en la que la alabanza fluye con facilidad? Dios nos dice a través de su palabra que quiere darnos "gloria en lugar de ceniza, óleo de gozo en lugar de luto, manto de alegría en lugar del espíritu angustiado" (Isaías 61:3). En su nueva economía, no tenemos que seguir llorando ni angustiarnos cuando nuestros sueños se convierten en ceniza. Al contrario, debemos confiar en la promesa de Dios, y así sabremos encontrar belleza y alegría en las cenizas y el dolor. Tenemos que dejar atrás la antigua economía y abrazar la nueva.

Para volver a la vida de David, vemos que él no era más inmune a la antigua economía que nosotros. Hasta ahora hemos visto a David como una persona que sabe lo que hace, pero también era una persona de carne y hueso. En 1 Samuel 27, vemos a David al comenzar una etapa de la vida en que sus deseos humanos se enfrentaban a la voluntad de Dios. Vivió situaciones que entraban en contradicción con ese carácter que había forjado durante tanto tiempo. En pocas palabras, David se desvió del camino y, si lo observamos durante este período, nos revela cómo nuestro ambiente puede influir en nuestras actitudes y hacer que nos desviemos hasta de nuestro mejor camino.

El cielo vs. la humanidad

Tanto Tamara como yo tenemos amigos que crecieron en hogares creyentes y que rara vez tenían experiencias de lo que era pecar. Con el nacimiento de su primer hijo, Rachel tuvo dolores horribles, así que los médicos le administraron una inyección epidural. La fuimos a ver al hospital y nos dijo:

—Jim y Tamara, nunca he podido entender por qué la gente joven toma drogas. Pero creo que ahora lo entiendo. La inyección acabó con mi dolor. Y me sentía muy bien.

En nuestra cultura de reparación instantánea, es muy tentador inclinarnos por un arreglo provisional cuando, en realidad, deberíamos enfrentarnos a asuntos más profundos. Por ejemplo, un nuevo empleo, una nueva relación o la integración en una nueva comunidad son, en el mejor de los casos, regalos de Dios. Sin embargo, en el peor, podrían ser como curitas aplicadas a las heridas más profundas del alma.

En 1 Samuel 27, vemos que David toma una decisión para sentirse mejor que no estaba contemplada en la voluntad de Dios. Por consiguiente, durante dieciséis meses estuvo separado de Dios, de Samuel y de su visión. Todo comenzó después de una más de las agresivas persecuciones de Saúl y su ejército. Como es natural, aquellos años de presión hicieron pensar a David que sus problemas eran más reales de lo que Dios había prometido:

> Dijo luego David en su corazón: Al fin seré muerto algún día por la mano de Saúl; nada, por tanto, me será mejor que fugarme a la tierra de los filisteos… y así escaparé de su mano. (v. 1)

Olvidemos el hecho de que David fue ungido por Dios para ser el rey de Israel y que tenía seiscientos hombres leales ayudándole a luchar cada día por el cumplimiento de los designios de Dios. David se volvió pesimista porque estaba cansado de la presión que creaban sus problemas. Todos hemos conocido el cansancio. Y sucede a menudo que las personas cansadas rompen su compromiso en medio de las dificultades. Es una de las maneras de perder el camino de Dios. Nos convertimos en algo parecido a la torre inclinada de Pisa, en Italia. Cada día que pasa nos acercamos más al derrumbamiento, porque hay cuestiones de fondo en nuestro corazón que debemos abordar. Y, en tiempos como esos, tiempos de tensión y de agotamiento, es fácil seguir nuestros deseos y perder de vista la importancia de obedecer a Dios.

Al menos así es para mí. En algunas ocasiones durante mis dieciséis años como pastor, cuando he tenido que enfrentarme a miembros descontentos, errores del equipo y con presiones de mi ministerio, he pensado que sería mejor hacer algo diferente a lo que estaba haciendo. Era entonces que tenía que *concentrarme* en el camino de Dios y elegir seguir junto a Él. Tenía que reconocer que lo mejor que podía hacer siempre era cumplir con la voluntad de Dios, y para mí eso significa ser el pastor de una iglesia vibrante y fuente de vida en mi pequeña ciudad, así como ayudar a otras pequeñas iglesias en las dieciocho mil pequeñas ciudades y pueblos de Estados Unidos.

Veamos los pasos que dio David al renunciar al compromiso. En primer lugar, *adoptó un punto de vista negativo.* Observemos que David piensa para sí mismo, no habla con las personas clave que Dios ha puesto generosamente en su camino. No se lo contó a Abiathar (el hombre que rezaba con él), ni se lo contó a su mujer, Abigail (que podría haberlo ayudado a aclarar sus motivaciones), ni tampoco se lo contó a sus soldados (que luchaban a su lado en las batallas de Dios). Al contrario, a esas alturas, a David le importaban más sus propios sentimientos que su fe o el consejo de aquellos que Dios había puesto en su vida para acompañarlo.

En segundo lugar, *los pensamientos negativos de David condu-*

cían a un razonamiento negativo. David ya había vivido momentos de debilidad, pero esta vez se enfrentaba solo a esa debilidad, y pronto todos sufrirían. David abordó solo el problema en cuestión y fue a llamar a la puerta del príncipe filisteo Aquis. Esto es lo que pidió:

> Y David dijo a Aquis:
>
> —Si he hallado gracia ante tus ojos, séame dado lugar en alguna de las aldeas para que habite allí; pues ¿por qué ha de morar tu siervo contigo en la ciudad real? (v. 5)

Señalemos que David estaba ahora al servicio del poder al que anteriormente había combatido. Buscó la alianza con el enemigo de Israel, traicionó su vocación y juró fidelidad a un rey no creyente. David no tenía la suficiente fe en Dios para seguir luchando las batallas divinas, y sucumbió al enemigo. ¿Cuántos conocemos esas circunstancias? Lamentablemente, sabemos lo que ocurre después: *el razonamiento negativo produce opciones negativas,* y esas opciones conducen a circunstancias dolorosas que Dios nunca quiso depararnos. Este razonamiento adopta diversas formas:

Es sólo una copa.

Mis padres no quieren que me divierta.

Todos dicen que él no me conviene, pero…

Lo que comienza como una opinión personal se convierte en una filosofía de la vida.

La iglesia es un aburrimiento.

Este empleo no me lleva a ninguna parte.

El matrimonio es insoportable.

Sin embargo, ahí está el desafío: cuando luchamos contra la verdad de Dios, nos apartamos del fundamento estable que necesitamos en la vida. Mi amigo Pat consiguió estabilizar su fe y ahora disfruta de una vida significativa como pastor, porque vio sus problemas como oportunidades para demostrar la verdad de Dios. David, por otro lado, aprendió una importante lección de la manera más difícil: *En el momento en que dejamos de orar, nuestro enemigo empieza a conspirar.*

RESPONSABILIDADES Y RECOMPENSAS

Es natural que nuestros sentimientos influyan en nuestras elecciones, pero debemos cuidar de que no afecten a nuestra obediencia a Dios. Y si bien no podemos controlar cómo nos sentimos, debemos decididamente controlar las respuestas que damos a nuestros sentimientos. Todos deseamos vivir en circunstancias favorables, pero no siempre es fácil cumplir con la voluntad de Dios que conduce a esas circunstancias. Noemí, por ejemplo, vivió esta verdad de manera muy íntima y personal. Dejemos a nuestro amigo David un momento y reflexionemos sobre su historia en el libro de Rut.

Noemí tenía un marido y dos hijos, y los dos se casaron fuera de la fe que practicaba la familia cuando los cuatro abandonaron su tierra asolada por la hambruna para encontrar refugio y comida en Moab. Primero murió el marido de Noemí. Al cabo de unos diez años en Moab, también perdió a sus dos hijos. En la actualidad, pensaríamos en Noemí como una madre soltera que de pronto se ve obligada a proveer para toda la familia. Sin embargo, en aquellos tiempos, los hombres trabajaban y las mujeres se ocupaban del hogar, de modo que no se podía esperar que Noemí proveyera para toda la familia. Eso significaba que estaba dispuesta a enviar a las dos nueras de vuelta a sus familias y a sus dioses paganos. Esto es básicamente lo que les dijo: "El Señor se ha llevado a mi marido y a mis hijos. Estoy segura de que estáis entristecidas, pero yo lo estoy más. Así que volved al lugar de donde venís. Todavía sois lo bastante jóvenes para volver a comenzar, no como yo".

Noemí se enfrentó a su dolor de la única manera que sabía, una manera dictada por ella misma, no por el Espíritu Santo. Una de sus nueras se marchó, pero Rut viajó con Noemí a Belén, donde la recibieron sus viejas amigas.

—Dejadme sola —dijo la vieja y amargada Noemí—. El Señor no me ama. Me ha traicionado, ¡y ya no tengo motivos para vivir!

Si hemos vivido lo suficiente, todos hemos conocido un dolor parecido a ése. Aquellos que han perdido a sus padres saben que parece una injusticia. Aquellos que han perdido a un hijo conocen un sentimiento de injusticia aún peor, y estoy seguro de que nadie que no haya perdido a un hijo pueda entender lo que se siente. Aquellos que han sufrido abusos o traiciones han sido víctimas de la injusticia. Y, por muchas personas sufrientes que hayamos conocido —y todos sufrimos— tenemos la tendencia a pensar que nuestras heridas son las más hondas. *Nadie sabe lo que sufro,* dirá alguien, y probablemente tenga razón. Sin embargo, Dios hace promesas a los que sufren y, con el tiempo, Noemí se reconcilió con esa verdad.

Noemí estaba amargada, y tenía todo el derecho de estarlo, pero su fe en Dios seguía siendo lo bastante sólida como para reconocer cuándo Él actuaba. Así que cuando Rut volvió un día a casa y le contó a Noemí que acababa de conocer un hombre, Noemí exclamó:

—¡El Señor tenga piedad!

En aquellos tiempos, el único que podía casarse con una viuda era un pariente de la viuda. Este hombre, Booz, cumplió un rol de salvador de la familia. Era pariente de Noemí, podía casarse con Rut, y estaba dispuesto a hacerlo. Booz influyó en la situación de Rut y Noemí siguiendo los deseos de Dios. Él trajo ayuda y abundancia a los miembros de la familia que lo necesitaban. Ese tipo de favor no merecido se llama gracia, y Noemí reconoció en Booz lo que había buscado durante muchos años.

Aquel regalo de la gracia reconcilió a Noemí y a Rut con los propósitos de Dios y, entonces, nace una historia de fe que muestra el alcance de la redención a largo plazo. Del matrimonio de Rut nació un linaje de familia real. Rut sería la bisabuela de David y, por lo tanto, un antepasado lejano de Jesús. Ni Noemí ni Rut podrían haber imaginado un final tan glorioso cuando estaban en Moab y lloraban a sus seres queridos. Pero eligieron la economía divina en medio de su bancarrota humana y, por la gracia de Dios, se vieron transportadas a un lugar maravilloso.

Mi consejo es: puede que se sienta deprimido, abandonado, puede que sienta que no tiene ni un sólo amigo en este mundo, ni tampoco en el cielo. Pero Dios ha prometido que actuará si buscamos la orientación del cielo en medio de nuestro pesar. Somos todos hijos del Rey, y esa condición permanece, independientemente de las circunstancias en que nos encontremos o de cómo hemos llegado hasta allí.

Para volver a David, veámoslo como un hijo necesitado de la gracia de Dios. Al pensar en sus devaneos en aquella época, me vienen al recuerdo los informes escolares o las notas de un examen. Todos recordamos alguna ocasión en que volvíamos a casa después de un examen en el colegio. Quizá habíamos respondido correctamente a cuarenta y seis de las cincuenta preguntas del examen de matemáticas, pero nuestra mirada se fijaba primero en aquellas cuatro marcas rojas. No importaba que el profesor escribiera "¡Excelente!" al comienzo del examen o que nos concediera dos estrellas por nuestro esfuerzo. Es que nuestros defectos nos molestan. Son un recordatorio demasiado real de que no somos perfectos, y que tememos no estar a la altura de las expectativas humanas. Todos nos hemos sentido como David cuando dice: "Oye, este trabajo es demasiado duro. Más me vale abandonar ahora ya que algún día igual fracasaré" (1 Samuel 27: 1, paráfrasis mía). El abandono rara vez se produce de la noche a la mañana. Más bien, crece en nuestros corazones, y solemos actuar a partir de él cuando nuestros sentimientos humanos son más fuertes que nuestra fe en los planes divinos. Vemos que David abandonó en dos ocasiones muy claras.

En primer lugar, *David ignoró los propósitos de Dios y, al contrario, se volcó en el placer.* La Biblia nos dice que David vivió en territorio enemigo un año y cuatro meses. Puede que haya gozado de los *obsequios* humanos, pero olvidaba la *presencia* divina. Los estudiosos dicen que ninguno de los más de cien salmos de David fue escrito durante este período.

En segundo lugar, *David estableció colaboraciones equivocadas con personas que lo afianzaban en sus errores.* No prestó oídos a los compañeros rectos y los sometió a la influencia pagana.

Al alejarse de Dios, David se convierte en un salvaje.

> Y asolaba David el país, y no dejaba con vida hombre ni mujer; y se llevaba las ovejas, las vacas, los asnos, los camellos y las ropas. (1 Samuel 27:9)

David también se convirtió en un mentiroso. Cuando el príncipe Aquis le pregunta: "¿Dónde habéis merodeado hoy?", David nunca informa con exactitud de sus excursiones al rey bárbaro. Es uno de los motivos por los que mata a todos los habitantes de las aldeas que arrasa: "No sea que den aviso de nosotros y digan: Esto hizo David" (vs. 10:11).

David se creía muy listo. Había engañado al rey. ¿No es así como nos sentimos cuando vivimos marginados? Al principio, cedemos a la tentación, y luego mentimos para salvar la cara o protegernos. Participamos de placeres prohibidos y luego fingimos ser inocentes. El placer ilícito es divertido, y cuanto más lo vivimos, más adictivo se vuelve. También nos lleva a entrar en lugares donde no pertenecemos, pero acabamos yendo de todas maneras, puesto que estar en algún lugar nos parece mejor que estar solos.

Muy temprano en su vida, David utilizó su energía para hacer según la voluntad de Dios, pero ahora sus días sólo le pertenecían a él. Dejó de orar para conocer la voluntad de Dios, y tampoco vivía para las alabanzas del Señor. Renegó del carácter que había hecho de él un gran líder, renunció al espíritu de Dios y silenció a sus compañeros rectos. Incluso el rey Aquis vio lo perdido que estaba David, y se decía:

> Él se ha hecho abominable a su pueblo de Israel, y será siempre mi siervo. (1 Samuel 27:12)

Es interesante observar hacia dónde se dirigió David después de este período. No tardó en darse cuenta del alto precio que debía pagar por perder su horizonte. *Las circunstancias acaban revelando que no sale a cuenta perseguir el éxito a expensas de nuestra vida con significado.* Tarde o temprano, la orquestación de los acontecimientos de la vida nos enseñan a todos esa lección. Y cuando eso sucede, la presencia del Espíritu Santo nos asegura que nos esperan días de bendiciones si estamos dispuestos a asumir la responsabilidad que entraña una vida con significado.

CAPÍTULO 8

Nuestros loco-motivos

Cualquiera que hable español —o que haya visto a Speedy Gonzalez— conoce la palabra *loco*. Ya que hemos hablado de la loco-motora del motor a vapor como símbolo del cambio a una economía divina, hablar ahora de loco-motivos parece lógico. La definición de motivo, en el diccionario Webster's es "algo que lleva a una persona a actuar", y todos sabemos que actuar correctamente no siempre es fácil. Queremos imitar a Dios y honrarlo, pero cuando nuestras emociones y nuestros deseos humanos no están satisfechos, existe la gran tentación de ponerse a sí mismo, no a Dios, en primer lugar.

Quisiera compartir con ustedes una historia acerca de Shelly, una de las pocas chicas cristianas que había en mi escuela secundaria. En aquel tiempo, sólo un puñado de jóvenes vivían para Dios, y todos nos unimos en la amistad para sobrevivir.

Todos los varones del grupo pensábamos que seríamos más íntegros si no salíamos con chicas. (Ahora, mirando retrospectivamente, creo que sustituimos el pecado por la estupidez.) Shelly era una chica sociable y echaba de menos la intimidad compartida con los chicos con que salía. También pensaba que el colegio necesitaba más cristianos, así que empezó una campaña para salir con chicos no cristianos y llevarlos por los caminos de Dios. Los chicos cristianos se quedaron muy sorprendidos, pero ella siguió adelante. Yo lo pensaba entonces y lo pienso ahora: mis hijas nunca saldrán con el tipo de chicos que acompañaban a Shelly.

Una noche, todos vimos a Shelly en un baile con un chico que a todas luces sufría un terrible caso de *Fiebre de sábado por la noche.* Cuando la vimos el lunes, Shelly no era la misma de siempre, y le preguntamos qué había ocurrido. Nos contó que el tipo se había propasado en el coche cuando volvían a casa. Ella lo paró y le empezó a hablar de Jesús y el tipo dijo algo que todas las chicas deberían escuchar: "Si eres una de esas cristianas, ¿qué haces saliendo por ahí? La gente como tú no debería andar con tipos como yo".

En la iglesia, llamamos "citas de misionero" a quienes tienen el prurito de Shelly, y a menudo ocurre cuando los jóvenes cristianos no están preparados para comprometerse totalmente con una vida recta, así que perdonan sus pasiones y deseos con el pretexto de que honran a Dios. Sin embargo, sus intenciones no honran a Dios. Todos sabemos de personas que actualmente se encuentran en tristes circunstancias debido a ciertas decisiones atolondradas. Me alegro de que al final Shelly se haya emparejado con un tipo excelente pero, para otras personas, la estabilidad nunca llega. Al contrario, la iglesia se convierte en un recuerdo lejano, y cuando alguien les pregunta si acuden a la iglesia, contestan: "La iglesia no es más que un atado de hipócritas", como si los bares estuvieran llenos de gente íntegra.

Las personas que hacen locuras, que sucumben a esos locomotivos, se distancian de las relaciones positivas y mienten acerca de las relaciones negativas que han tenido. La gente alocada ignora la verdad y la representa de manera que justifique su búsqueda de placeres equivocados. Intentar creer esas interpretaciones, cuando todos los que nos rodean saben la verdad, también es una insensatez.

Por otro lado, debemos recordar que nuestro mundo pecaminoso siempre está dispuesto a hacer leña de cualquier santo caído. Cuantos más sean los que participen de un estilo de vida infernal, más justificados se sienten. De hecho, el mundo pecaminoso sonríe cuando las personas de Dios renuncian a su santidad. Así, la definición que el mundo hace de lo "correcto" parece más aceptable. *Al fin y al cabo, después de todo lo que he sufrido, ¿acaso no tengo el derecho de hacer lo que me da la gana?* Beber en exceso, las fiestas, las relaciones impuras… *¿Por qué no, si así me siento mejor ahora?*

He escuchado ese argumento muchas veces, y ésta es mi respuesta: ¿Cree usted realmente que algún día estas decisiones producirán las circunstancias que desea? He visto a muchos derrumbarse y sufrir las dolorosas circunstancias que produce la renuncia. Sé que *se necesita fuerza para vivir una vida recta, pero las recompensas superan con creces a las exigencias.*

En el caso de David, hay un pasaje de las Escrituras que merece una mirada más atenta. En 1 Samuel 16, leemos que cuando Samuel unge a David y lo nombra rey, vierte aceite en la cabeza del joven. El aceite es absorbido por la piel de David como recordatorio de la presencia permanente de Dios a su lado.

> Y Samuel tomó el cuerno del aceite, y lo ungió en medio de sus hermanos; y desde aquel día en adelante el Espíritu de Jehová vino sobre David. (v. 13)

El Espíritu Santo dio a David la fuerza que necesitaba para vencer a Goliat. El Espíritu le dio el poder para aplastar al ejército filisteo y resistir los continuos asaltos de Saúl y su ejército. Sin embargo, David perdió provisionalmente la batalla contra su peor enemigo, su propia naturaleza pecadora. ¿Cuántos podemos decir lo mismo? *¿Por qué nos derrumbamos en lugar de suplicar la ayuda de Dios?*

El derrumbamiento de la confianza

Recordemos a mi amigo Pat Butcher y a sus cerdos ahogados. Llegado a este punto, quisiera contar una historia sobre su mujer porque nos ayudará a enfrentarnos a las presiones de la vida. Pat está casado con una mujer maravillosa y creyente llamada Brooke. Brooke no creció en el seno de la iglesia, de modo que sus decisiones estaban a menudo motivadas por los sentimientos más que por la fe. Sin embargo, cuando tenía veintitantos años Brooke decidió dedicar su vida a Dios y, poco después, conoció a una madre espiritual que le enseñó todo sobre una vida en la fe. Dio la casualidad de que la madre espiritual de Brooke era la tía de Pat Butcher, y todos saben que las madres y tías en el sur sienten la necesidad de encontrar una buena mujer para cada uno de sus hijos y sobrinos.

Brooke no tenía en mente a alguien como Pat, pero ya que no había tenido suerte eligiendo hombres buenos cuando obedecía a sus sentimientos, prefería no tomar más decisiones. Recuerda que un día en que se sentía sola, aclaró las cosas con Dios. Finalmente, dijo: "Quiero que tú elijas al hombre, Señor". Sin embargo, su historia no se convirtió inmediatamente en un cuento con final feliz, porque el día que iban a conocerse, cuenta Brooke, "Pat ni siquiera quería salir de su habitación". Pero al final salió, y poco después se casaron.

Cuando Brooke se mudó de una ciudad grande al pequeño pueblo de Pat, la transición no fue fácil. Pat era pastor, y eso la convertía a ella en la mujer del pastor, y se supone que la mujer del pastor tiene que ser perfecta, ¿no?

—Trataba de vivir según las expectativas de todos —decía Brooke—, pero me sentía presionada por lo que la congregación esperaba de mí.

Me parece interesante esta historia porque Pat y Brooke, dos individuos muy diferentes, se enfrentaban a la misma batalla contra la presión. Pat intentaba que una iglesia con significado arraigara en un pueblo pequeño, y Brooke intentaba ser la mujer perfecta del pastor. Y los dos sentían una presión como para volver loco a cualquiera. Y la presión va en aumento cuando los problemas nos parecen más reales que las promesas de Dios, ¿no es así? La presión da lugar al pesimismo. Por eso un viejo y sabio pastor me aconsejó "que buscara más a Dios que a mis objetivos porque los deseos humanos pueden alimentar la frustración, mientras que vivir en la fe siempre alimenta la confianza".

Era una lección que David había aprendido antes pero que, por algún motivo, había olvidado. Él conocía la presencia del Espíritu Santo. Había percibido su fuerza al sentir cómo se derramaba aquel aceite tibio de la unción desde la cabeza, por el hombro y la espalda, hasta llegar a los pies. Sin embargo, cuando las presiones de la vida fueron más intensas de lo que él esperaba, David actuó siguiendo su propia voluntad en lugar de seguir a Aquel que, después de su unción, tenía el deber de seguir.

Pensemos en aquella idea que se le había ocurrido a David en un primer momento, y que luego abrazó.

> —Al fin seré muerto algún día por la mano de Saúl; nada, por tanto, me será mejor que fugarme a la tierra de los filisteos, para que Saúl no se ocupe de mí, y no me ande buscando más por todo el territorio de Israel; y así escaparé de su mano. (1 Samuel 27:1)

David tenía razón. Al huir de la llamada de Dios, pudo escapar de la presión que significaba la persecución de Saúl, pero también se separó de la presencia y del poder de Dios. David no sólo perdió su alegría y su sentido de realización durante aquel período, sino que, con el tiempo, su decisión desencadenó otros hechos que lo presionaron aún más. ¿No es eso lo que sucede cuando nos derrumbamos en lugar de pedir ayuda a Dios?

Volvamos a la historia de David. Con David de su lado, el rey filisteo actuó con violencia inspirado por su intenso odio de Israel:

> Aconteció en aquellos días, que los filisteos reunieron sus fuerzas para pelear contra Israel. Y dijo Aquis a David:
> —Ten entendido que has de salir conmigo a campaña, tú y tus hombres. Y David respondió a Aquis:
> —Muy bien, tú sabrás lo que hará tu siervo. (1 Samuel 28:1–2)

Para que podamos imaginar con más claridad este arreglo, imaginemos al partido Hamás de Palestina pidiéndole al mejor general de

Israel que ataque su país. ¡Es imposible! ¡Absurdo! Nadie en su sano juicio se lo creería. Aquellos que quieren Israel entienden el propósito de Dios para con su país, y jamás lucharían a favor de su destrucción.

Sin embargo, es lo que sucede cuando no jugamos lealmente con Dios. David se portó como aquellos que necesitaban ser convertidos y luchó en contra de algo, y no a favor, como debía. La falta de confianza de David en la capacidad de Dios para librarlo de Saúl lo había llevado a elegir un camino equivocado.

¿Somos tan diferentes de David? ¿Tenemos confianza en la capacidad de Dios para librarnos de los Saúl que hay en nuestras vidas? Debemos saber que Dios desea darnos bienestar, que quiere que nuestro hogar cristiano sea bello y cómodo, que nuestras carreras satisfagan los deseos de nuestro corazón, y quiere cumplir sus promesas para con nosotros. Pero debemos aprender a lidiar con la presión. Dios nos dice, básicamente: "Os he mostrado mi voluntad. Ahora, por favor, dejadme trabajar… y recordad que mis propósitos para vuestra vida no cambian sólo porque en el camino os encontráis en lugares que a veces os parecen desagradables".

¿Alguien se ha encontrado alguna vez en una espiral descendente y se ha preguntado cuándo comenzó todo? La mayoría de las veces, la confianza que se derrumba bajo la presión motiva decisiones precipitadas que traen consigo consecuencias dolorosas.

Durante esos momentos debemos recordar, al igual que Noemí, que hay que perseverar y superar el dolor. También debemos recordar que —tal como lo vivieron Pat y Brooke Butcher— nuestros planes no siempre saldrán como esperamos, pero los planes de Dios sí. Es muy fácil volverse cínicos cuando las dificultades amenazan nuestros sueños. La gente sabia, no obstante, recuerda que, a la larga, nuestras circunstancias reflejarán la gracia de Dios si adoptamos las decisiones correctas.

Siempre debemos recordar que Dios nos promete su gracia en medio del dolor. Así, nos dice:

> Me invocará, y yo le responderé;
> Con él estaré yo en la angustia;
> Lo libraré y le glorificaré.
> Lo saciaré de larga vida,
> Y le mostraré mi salvación. (Salmo 91:15–16)

Dios sabe qué nos depara el futuro. Conoce todas las trampas que el Enemigo ha puesto en nuestro camino, y nos promete librarnos de todas ellas.

Al buscar la presencia de Dios, David dejó de ser un hijo ignorado y se convirtió en héroe nacional. El derrumbamiento de su confianza lo sumió en problemas que no podía solucionar solo. Y, por cierto, esa misma incapacidad de lidiar con los motivos egoístas fue lo que, eventualmente, le costó a Saúl su posición como rey.

El derrumbamiento de la valentía

Me fascina el béisbol, y por eso conozco muchísimas anécdotas de los más grandes jugadores de este deporte. Me encanta la anécdota de Mickey Mantle cuando empezó a jugar en las Grandes Ligas.

Mickey era oriundo de Commerce, Oklahoma, donde su padre le ayudó a cultivar su increíble talento como deportista. A pesar de ese talento, durante su primer año en la Gran Liga, Mickey se esforzaba en darle a la bola, pero lo abucheaban tanto que los Yankees lo mandaron de vuelta a la Triple-A (ligas menores) en Kansas City. El juego que se le había dado tan bien hasta entonces ahora se parecía cada vez más al trabajo. Nunca había tenido que trabajar para tener éxito, y la presión comenzaba a minar su seguridad y su confianza.

Una noche, en un arranque de frustración, Mickey llamó a casa y le dijo a su padre que pensaba renunciar al béisbol. Su padre salió en el coche en ese instante y condujo varias horas hasta la habitación de hotel de Mickey. Antes de apresurarnos a sacar conclusiones, hay que saber que la vida había sido difícil para el señor Mantle. Había trabajado en la mina toda su vida y sostenido a su familia durante uno de los períodos económicos más devastadores de la historia de Estados Unidos. Hacía años, el señor Mantle había querido escapar a la suerte de aquellas tierras deslabradas y conseguir un contrato para jugar al béisbol profesional. Pero cuando el contrato no se concretó, volvió su atención a su hijo Mickey.

Además, el señor Mantle se estaba muriendo de cáncer, así que no demostró demasiada simpatía hacia su hijo, que traicionaba el sueño de la familia. Cuando Mickey abrió la puerta de la habitación del hotel, pensando que su padre había venido a alentarlo, el señor Mantle entró a grandes zancadas, buscó una maleta y empezó a meter en ella las cosas de su hijo.

—¿Qué haces? —preguntó Mickey.

—Nos vamos a casa —dijo su padre.

—¿Por qué?

Su padre se volvió hacia él con lágrimas en los ojos.

—Yo creía que había hecho de ti un hombre... Pero no eres más que un cobarde.

Ese momento, confesaría Mantle más tarde, cambió su vida para siempre. En esos pocos segundos se dio cuenta de que si no le hacía frente a sus problemas, estaría renunciando a un sueño que tenía el poder de bendecir a aquellos que amaba.

Tanto Saúl como David renunciaron a sueños que tenían el poder de bendecir a quienes amaban. En ese momento, ninguno de los dos entendió las terribles consecuencias de sus actos porque sólo pensaban en sí mismos en lugar de centrarse en la llamada de su fe. Éste es uno de los motivos por los que, a la larga, Dios relevó a Saúl como rey. Para decirlo sencillamente, Saúl *antepuso sus propios motivos a los de Dios.* La palabra de Dios elimina cualquier duda sobre la locura de hacer algo así.

> Después de quitar a Saúl, [Dios] les levantó por rey a David, de quien dio también testimonio diciendo:
> —He hallado a David hijo de Isaí, varón conforme a mi corazón, quien hará todo lo que yo quiero. (Hechos 13:22)

El pueblo de Dios sigue el corazón de Dios y hace de sus designios una prioridad. Rara vez ocurre que nuestras esperanzas se derrumben de la noche a la mañana. Más bien, como he mencionado más arriba, como la torre de Pisa, nos acercamos progresivamente a nuestra destrucción, centímetro a centímetro. Cuando sentimos que nos derrumbamos, es una señal segura de que graves problemas aquejan a nuestro corazón, problemas que requieren una solución. El corazón de Saúl se había alejado de Dios más de una década antes, y ahora su inseguridad lo atormentaba.

En 1 Samuel 28, cuando Saúl vio que se acercaban los filisteos, "tuvo miedo, y se turbó su corazón en gran manera" (v. 5). Saúl había perdido el poder del Espíritu Santo, al mentor que antaño lo había orientado (Samuel) y a su mejor sirviente (David). Vemos que el pecado se apodera lentamente de la vida de Saúl. Al principio, el pecado nos engaña, luego nos aleja de la presencia de Dios, y luego la destrucción nos abruma.

Frente al ejército de los filisteos, "consultó Saúl a Jehová; pero Jehová no le respondió" (v. 6). Sabía que podía ser el final y, en un acto desesperado, pidió a sus hombres que fueran a buscar a una bruja. Quería a alguien —a quien fuera— que le dijera lo que estaba a punto de ocurrir. Dios, que no se había olvidado de Saúl, intentó apartarlo del pecado diciéndole a través de la bruja que él y sus hijos morirían si entraban en batalla contra los filisteos (ver vs. 8–20).

Cuando Saúl "preguntó al señor", esperaba que sus circunstancias cambiarían enseguida, pero éstas habían sido selladas hacía tiempo por sus actos alocados. No puedo dejar de sentir pena por Saúl, porque es evidente que tuvo momentos de sano juicio. En 1 Samuel 24, por ejemplo, y no mucho antes de su muerte, Saúl entendió los planes de Dios. Le habló a David:

> —Y ahora, como yo entiendo que tú has de reinar, y que el reino de Israel ha de ser en tu mano firme. (v. 20)

Incluso en un momento más cercano a su muerte y de la muerte de sus hijos, hizo una promesa a David, que le había perdonado la vida al rey por segunda vez:

> —Vuélvete, hijo mío David, que ningún mal te haré más, porque mi vida ha sido estimada preciosa hoy a tus ojos...

> Bendito eres tú, hijo mío David; sin duda emprenderás tú cosas grandes, y prevalecerás. (1 Samuel 26:21, 25)

Sin embargo, ¿por qué se recuperó David de sus errores y Saúl murió a causa de los suyos? Porque David acabó por reconocer su falta de madurez mientras que Saúl insistió en que se hiciera su voluntad hasta el final. Nunca supo que su carácter deficiente acabaría con todos sus valiosos sueños. *El destino de Saúl fue el resultado de sus convicciones.*

El anhelo de la ayuda de Dios

Locos-motivos. Todos nos hemos dejado llevar por ellos en uno u otro momento. Y es probable que todos sepamos que distinguir entre motivos buenos y malos no es un asunto apto para cobardes. Sin embargo, Dios nos promete fortalecernos en nuestra lucha, y nos da el derecho a una elección. En Romanos 3:23, leemos: "Todos pecaron, y están destituidos de la gloria de Dios". ¿Qué decidiremos después de haber pecado? ¿Dejaremos que el efecto de ese fracaso sea sólo pasajero, o escogeremos el fracaso como forma de vida?

Al final, Saúl fracasó porque siempre anteponía su voluntad a la de Dios. David, al contrario, superó el fracaso porque aprendió la lección y situó la voluntad de Dios por encima de la suya.

Es demasiado fácil ceder ante aquello que Dios nos prohíbe cuando no nos sentimos bien. Todos estamos tentados a inclinarnos por opciones más placenteras cuando nuestra obediencia a Dios se ve sometida a presión. Por eso, somos muchos los que nos extraviamos en el camino. *La presión y la adversidad constituyen una parte impor-*

tante de la vida, pero podemos tener la confianza de que una vida con significado todavía espera a quienes, como David y mis amigos Pat y Brooke, se dan cuenta de que esa obediencia, en realidad, no cuesta sino que recompensa. Cuando nos concentramos en la voluntad de Dios en medio de la locura del mundo, podemos vencer la tentación de subir a nuestra propia loco-motivación y descarrilar.

CAPÍTULO 9

A todo vapor

¿Es usted una de esas personas que intentan volver al camino de Dios? Si es así, quiero alentarlo para que sepa que lo espera una vida con significado. No ha perdido asidero, aunque no siempre he estado tan seguro de esa verdad. Al comienzo de mi vida como cristiano, pensaba que mis imperfecciones humanas eran muy capaces de sabotear los designios de Dios. Pero, desde entonces, tras años estudiando la Biblia y ayudando a muchas personas, me he convencido de que Dios siempre tiene sus maneras de colmar de bendiciones un buen corazón.

Ilustraré esa verdad, una vez más, recurriendo al ferrocarril. Como he mencionado antes, el ferrocarril transcontinental, que se acabó de construir en 1869, cambió el modo de vida de Estados Unidos. El tren hizo bajar los precios del transporte y acortó el período de traslado de las mercancías, de modo que todos vieron que, *para algunos,* era posible una economía más próspera.

Sin embargo ciertas partes de nuestro país, tuvieron muchas más dificultades para subirse a la revolución del ferrocarril. Fue relativamente fácil, por ejemplo, tender la vía férrea a través de las grandes llanuras y construir los motores a vapor capaces de cruzar aquellas tierras. Pero, ¿qué pasaba con las Montañas Rocosas? La prosperidad que produjo el ferrocarril no llegó a todos al mismo tiempo.

Los habitantes del noroeste del país deseaban fervientemente formar parte del sistema ferroviario, un deseo que no les sería negado. Con el tiempo, se acabaron de tender las vías desde Sherman Hills, Wyoming, a través de las escarpadas Montañas Rocosas, hasta llegar a Utah. Desde ahí, se podían enviar las mercancías por diligencia hasta donde fuera necesario.

Para cubrir ese largo trayecto, se tuvo que diseñar y construir la locomotora más grande del mundo, la Union Pacific Nº 4017. La bautizaron como Big Boy, y el nombre era bastante apropiado porque no había ningún otro tren capaz de transportar cargas tan pesadas a través de la escarpada cadena de las Rocosas.

Dios nos creó a todos para ser niños y niñas grandes, para cargar con nuestros pesados fardos por los escarpados territorios de la vida. ¿No es eso lo que Pablo enseñó a los corintios?

> No os ha sobrevenido ninguna tentación que no sea humana; pero fiel es Dios, que no os dejará ser tentados más de lo que podéis resistir, sino que dará también juntamente con la tentación la salida, para que podáis soportar. (1 Corintios 10:13)

¿Acaso no conocemos todos circunstancias parecidas, cuando tenemos la sensación de no poder seguir adelante, pensando que ese desafío supera nuestras capacidades? ¿Acaso no hemos preguntado todos: "Dios, ¿ahora puedo renunciar?" Sí, todos conocemos esas circunstancias, pero la respuesta a la pregunta sobre si se puede renunciar es no, porque Dios en su gracia nos llevará a nuestro próximo lugar bendito. *Nuestro viaje no es demasiado difícil porque Dios viaja con nosotros. Nunca nos dejará solos y nunca nos empujará más allá de nuestros límites.* Al contrario, siempre estará ahí para ayudarnos a superar los desafíos que se nos presenten. Por lo tanto, debemos cultivar un estilo de vida de confianza en Dios, y la tentación de renunciar cuando surjan dificultades no tardará en desaparecer de nuestra vida. Y conoceremos recompensas que bien valen el esfuerzo.

Ahora cerraremos la historia de Pat y Brooke. ¿Cuál fue el punto de partida para la increíble vida de servicio que ha llevado Pat? Él dice que le dijo a Dios: "Yo que tú no me escogería a mí. Yo preferiría estar en el campo con los cerdos que estar aquí con esta gente. Además, soy soltero y no tengo a nadie que me acompañe en mi ministerio".

¿Dónde están Pat y Brooke hoy? Su iglesia ha crecido. De los diez mil habitantes de su condado, hay cuatrocientos cincuenta que son miembros activos de su iglesia. Eso equivale al 4,5 por ciento de la población. No es una cifra enorme para una gran ciudad, pero mirémosla bajo otra perspectiva. Si una iglesia en una ciudad de un millón de personas tuviera el 4,5 por ciento de la población, habría cuarenta y cinco mil personas asistiendo al culto. *Actualmente, Pat ayuda a un mayor porcentaje de la población en las inmediaciones de su iglesia que casi cualquier otro pastor en Estados Unidos.*

Además, Brooke es para Pat una excelente compañera en su ministerio. Y estaría bien recordar que no fue sólo su aspecto de atractivo joven campesino lo que atrajo a Brooke. Ella buscaba a un hombre de Dios con quien compartir su vida.

Estuve hace poco con Pat y Brooke en su tercer "picnic" tradicional. ¡Fue increíble! En aquella ciudad de diez mil habitantes, tres mil seiscientas personas acudieron a participar en todo tipo de competencias de tractores, una exposición de coches antiguos, carreras de caballo, concursos de herradura y una gran variedad de juegos y comidas de las que todos podían disfrutar. Era la cara más amable del sur, cuarenta iglesias trabajando juntas para que la comunidad sepa que Dios y su iglesia quieren insuflar vida en las comunidades que los rodean.

A Pat le cuesta explicar *cómo* sucedió todo esto. Sólo sabe que alquilaron los terrenos de la feria local para la ocasión, y gente de todas partes no tardó en llegar con tractores, coches, caballos, herraduras, juegos y comida. Sin embargo a Pat no le cuesta nada explicar *por qué* ha ocurrido todo esto: "Los salmos dicen que nuestra ayuda viene del santuario y de Zion. Zion es el liderazgo que nos proporciona una dirección, y el santuario es donde Dios convive con su pueblo. Tenemos que encontrar aquello que fortalece nuestra fe. Si lo conseguimos, Dios traerá a las personas para que presten su ayuda".

Volvamos a David y sus preparativos para emprender el gran viaje que lo alejaría de la destrucción y el desaliento para avanzar hacia la consecución de sus sueños. David y sus hombres nos enseñarán a seguir el camino de Dios, a veces difícil, hacia la recuperación y la bendición.

Acumulando vapor

David sería rey antes de lo que pensaba y mucho antes de lo que nadie habría imaginado. Pero antes tuvo que enfrentarse a una serie de dificultades ocasionadas por sus motivos y actos erróneos.

En 1 Samuel 29, David descubre que quienes juegan con fuego se acaban quemando. Aconsejado por los estrategas filisteos, que temían que David se volviera contra ellos en su lucha contra Israel, el príncipe Aquis retira a David del ejército filisteo. El argumento era: "¿con qué cosa volvería mejor a la gracia de su señor que con las cabezas de estos hombres?" (v. 4). El príncipe Aquis opinaba que David era un hombre fiable y sin defectos, pero no podía desafiar a los jefes militares que lo rechazaban.

Tras ser expulsados del ejército filisteo, David y sus hombres vuelven a su ciudad, Siclag, mientras los filisteos luchan contra Saúl y su ejército en Jezreel:

> Cuando David y sus hombres vinieron a Siclag al tercer día, los de Amalec habían invadido el Neguev y Siclag, y habían asolado a Siclag y le habían prendido fuego. Y se habían llevado cautivas a las mujeres y a todos los que estaban allí, desde el menor hasta el mayor; pero a nadie habían dado muerte, sino se los habían llevado al seguir su camino.
>
> Vino, pues, David con los suyos a la ciudad, y he aquí que estaba quemada, y sus mujeres y sus hijos e hijas habían sido llevados cautivos. (1 Samuel 30:1–3)

La Biblia dice que David y sus hombres lloraron dando grandes voces "hasta que les faltaron las fuerzas para llorar" (v. 4). Pero entonces David se enfrentó a un desafío peor que el dolor. Sus hombres empezaron a hablar de lapidarlo, ya que, en su opinión, él era el causante de su dolor. *¿Por qué lo habremos seguido? Debería haber escuchado a mi esposa. ¡Me dijo que renunciara a este ejército hace meses!*

Seguramente, era el tipo de cosas que les pasaba por la cabeza a aquellos hombres.

Sin embargo, David hizo inmediatamente algo que hizo que todos recordaran por qué lo habían seguido desde el comienzo. David buscó a Dios. Sabía que Dios era el único que podía poner la energía suficiente en cada uno de ellos para superar esas enormes dificultades.

¿A quién más podría haber acudido David? Su familia ya no estaba y sus amigos ya no confiaban en él. Sin embargo, David entendía lo que, según el apóstol Pablo, tarde o temprano todos teníamos que aprender: que para superar nuestras dificultades y asumir nuestro destino, debemos creer que nuestros caminos nunca están más allá del poder o de la capacidad de Dios.

Pensemos en ese gran combatiente por la libertad que es Nelson Mandela, un hombre que dedicó varias décadas de su vida a luchar contra la segregación racial en Sudáfrica. Fue acosado, juzgado y más tarde obligado a la clandestinidad cuando sus actividades políticas fueron silenciadas por las armas. Su primera mujer lo dejó, y estoy seguro de que sus hijos se habrán preguntado si la causa de su padre merecía aquel precio.

Sin embargo, actualmente Mandela es aclamado por los sudafricanos negros como el padre de su libertad, el representante de la igualdad y la justicia, el héroe de un pueblo que ha aprendido que más allá de las batallas difíciles hay grandes parabienes.

¿Cómo pudo Mandela triunfar después de décadas de dificultades? Estoy seguro de que perseveró porque creía que la suya era una causa justa. También creía que tenía la fuerza suficiente para superar todas las dificultades que amenazaban a ese sueño. Hace poco vi un documental sobre su vida, y me venían lágrimas a los ojos al ver cuánto amaba la gente a este hombre que encarnó su sueño. Cuando Mandela se vio obligado a pasar a la clandestinidad, ellos hicieron el sacrificio de proveer a sus necesidades porque tenían devoción por ese sueño. Cuando a Mandela lo encarcelaron, los suyos arriesgaron sus vidas y se reunieron frente a las instalaciones de la cárcel y cantaron "Libertad para Nelson Mandela".

Sin duda, Mandela poseía unos rasgos extraordinarios de liderazgo. Pero estos no bastaban por sí solos. También poseía la capacidad personal para sobrevivir basada en la fe, la tenacidad y la perseverancia.

Además, tenía que inspirar a un gran grupo de personas para que se sacrificaran por la causa. En su biografía, cuenta cómo su segunda esposa, Winnie, venía a verlo a la cárcel: "Le dije que les contara a mis hijos que me habían detenido... Le dije que no éramos la primera familia en esa situación, y que quienes sufrían esas dificultades salían de ellas fortalecidos". Y luego dijo: "Le aseguré que nuestra causa era fuerte... y [le recordé] que su amor y su devoción me ayudarían a superar lo que viniera". Al final, el gobierno del apartheid de Sudáfrica tuvo que reconocer el hecho de que el Congreso Nacional Africano no era un mero movimiento invertebrado de la juventud. Estaba integrado por personas lo bastante fuertes para hacerse dueños de su propia libertad.

De una manera similar, David se convirtió en una fuente de entereza para sus hombres que más lo necesitaban. La Biblia dice: "Mas David se fortaleció en Jehová su Dios" (1 Samuel 30:6). Llamó a su viejo amigo y sacerdote Abiathar y le volvió a pedir el efod, con lo cual simbolizaba su confianza en que el Espíritu divino les mostraría el camino para superar las dificultades que amenazaran su destino. David no vivió aplastado por los resentimientos del pasado. Vivió con un ojo puesto en el futuro y buscó la recompensa que Dios promete a todo aquel que cree en los designios del cielo cuando se ve aquejado por un fracaso personal. A continuación, David hizo cuatro cosas que le permitieron a Dios conducirlo adonde tendría lugar su próxima bendición.

Orar y obedecer

La oración es el primer paso que debemos dar cuando queremos suficiente vapor en nuestro motor para llegar al éxito. A lo largo de los años, he tenido el privilegio de ver cómo se reconciliaban numerosas parejas y luego disfrutaban de un matrimonio rico y lleno de recompensas. He visto a gente de todas las edades refortalecida por los sueños que Dios les depara, y me he alegrado de ver que Dios proveía lo necesario para que esas personas pudieran convertir sus sueños en realidad.

Estas historias de éxito que glorifican a Dios comienzan con la fe en lo que Dios promete. David tenía ese tipo de fe:

> Y David consultó a Jehová, diciendo:
>
> —¿Perseguiré a estos merodeadores? ¿Los podré alcanzar?
>
> Y él le dijo:
>
> —Síguelos, porque ciertamente los alcanzarás, y de cierto librarás a los cautivos. (1 Samuel 30:8)

¿Lamentos o recompensas?... ¿Cuál de los dos vemos ante nosotros cuando fracasamos? Puede que nuestra respuesta dependa de si estamos o no formados en el arte de la oración. Con el tiempo, he aprendido que quienes oran confían en que Dios conservará sus sueños vivos en sus corazones.

En una ocasión, estaba orando y sentí que el Señor me revelaba una verdad que me ayuda sobre todo cuando debo luchar en batallas que nacen de mis propios fracasos. Entendí que todo lo que Dios había prometido hacer con mi vida, lo había prometido sabiendo todos los errores que cometería.

La Biblia nos enseña que Dios es *omnisciente.* La palabra *omnisciente* significa que tiene una "sabiduría infinita". Conoce todo lo que ha existido, existe y existirá. La Biblia nos enseña que Dios es *omnipotente,* lo cual significa que tiene un "poder infinito" a su disposición. Finalmente, el Libro de los Efesios nos dice:

> En él asimismo tuvimos herencia, habiendo sido predestinados conforme al propósito del que hace todas las cosas según el designio de su voluntad. (1:11)

Es fácil creer en mi destino y perseguirlo sin descanso cuando he entendido que un Dios omnisciente y omnipotente me ha dado un "predestino". La palabra *predestinado* significa "determinado de antemano". Antes de que Dios nos diera sus sueños para nuestra vida, tomó la determinación de que Él sería lo único que necesitaríamos para superar los obstáculos.

Las promesas de Dios

Después de orar, la obediencia de David inyectó todavía más vapor en el motor. Confiando en las promesas del Señor, siguió sus instrucciones y marchó a la batalla.

> Partió, pues, David, él y los seiscientos hombres que con él estaban, y llegaron hasta el torrente de Besor, donde se quedaron algunos. Y David siguió adelante con cuatrocientos hombres; porque se quedaron atrás doscientos, que cansados no pudieron pasar el torrente de Besor.
>
> Y hallaron en el campo a un hombre egipcio, el cual trajeron a David, y le dieron pan, y comió, y le dieron a beber agua. (1 Samuel 30:9–11)

Vemos cómo empieza a cambiar el espíritu de los hombres de David. Ellos, que se habían convertido en unos salvajes en tierra de los filisteos, ahora eran generosos con un egipcio:

> Y le dieron a beber agua. Le dieron también un pedazo de masa de higos secos y dos racimos de pasas. Y luego que comió, volvió en él su espíritu; porque no había comido pan ni bebido agua en tres días y tres noches. (vs. 11–12)

Cuando David le pregunta al egipcio: "¿De quién eres tú, y de dónde eres?" (v. 13), el hombre explica que era un sirviente de los que habían asolado la aldea de David. También le ofrece a David llevarlo hasta el campamento de los asaltantes. Observemos qué ha ocurrido. Hacía sólo unos momentos todos los hombres se encontraban separados de sus familias y sus posesiones, y hablaban seriamente de lapidar a David. Ahora el egipcio prometía llevarlos hasta el campo de los amalecitas, donde encontrarían a sus familias y sus posesiones.

Es el resultado de la oración, si bien su poder sólo pueden experimentarlo quienes creen en ello lo suficiente para perseguir las promesas de Dios. ¿Qué habría pasado si David y sus seiscientos hombres se hubieran detenido, agotados, al otro lado de la quebrada de Besor? El egipcio del desierto habría muerto de hambre. El ejército de David no se habría reunido con sus familias ni habría recuperado sus posesiones, aún cuando Dios así lo había dispuesto. Entendamos esa importante verdad: los sueños de Dios exigirán nuestra participación incluso cuando las cosas no son fáciles. Por eso, debemos resistir la tentación de renunciar cuando nos cansamos. Me pregunto cuántos cristianos se han perdido las bendiciones de Dios porque han renunciado cuando se encontraban agotados en lugar de seguir los designios de Dios.

Pasión en la acción

¿Alguna vez alguien se ha preguntado por qué nuestros sueños nos exigen tanto? Yo sí me lo he preguntado. Muchas bendiciones de Dios de las que gozo hoy en día exigieron un esfuerzo y un sacrificio que no fueron nada fácil. Por eso, a veces es tan difícil entender la gracia: es gratuita, pero lo exige todo de nosotros.

David conoció la gracia, pero tuvo que poner un gran esfuerzo de su parte:

> [El egipcio lo] llevó, pues; y he aquí que estaban desparramados sobre toda aquella tierra, comiendo y bebiendo y haciendo fiesta, por todo aquel gran botín que habían tomado... Y los hirió David desde aquella mañana hasta la tarde del día siguiente; y no escapó de ellos ninguno, sino cuatrocientos jóvenes que montaron sobre los camellos y huyeron. Y libró David todo lo que los amalecitas habían tomado, y asimismo libertó David a sus dos mujeres. (1 Samuel 30:16–18)

Recuperaron a todas las mujeres, a todos los niños y todo lo saqueado. Pero aquello exigió de David que luchara desde el amanecer de un día hasta la noche del día siguiente. ¿Cómo lo logró? Creo que lo consiguió porque cuando actuamos inspirados por nuestras pasiones, éstas nos dan energía. Cuando vivimos por los motivos que Dios nos ha puesto en este mundo, realizar un esfuerzo monumental nos brinda mayor satisfacción que tomarse las cosas con calma. De alguna manera, sabemos que con cada paso que damos, nos acercamos a la recompensa que busca nuestro corazón.

Me viene al recuerdo otro ejemplo. Hace poco, recibí la increíble bendición del testimonio de un hombre que había asistido a nuestra iglesia antes de mudarse a San Antonio. Nunca nos habíamos conocido, pero la iglesia a la que asiste ahora en San Antonio publica unos libros que tratan de la obra de Dios en las vidas de sus miembros. Nuestra iglesia sirvió de escenario de uno de sus relatos, así que alguien me envió un ejemplar.

Este hombre perdió a toda su familia a mediados de los años noventa. Jugaba basketball tres o cuatro noches a la semana y, cuando no jugaba, salía a beber en los bares con los amigos después del trabajo. Llevaba un par de años comportándose de la misma manera, y su matrimonio había comprensiblemente llegado a un punto de tensión.

También contó que en aquel período tomaba esteroides para ser más fuerte, y esto lo volvía irritable. "No paraba de decir palabrotas como un camionero". Se gastaba el dinero en tonterías, y su mujer no podía pagar todas las facturas, aunque trabajaba jornada completa y se ocupaba de los hijos. Al final, ya no podía más.

El punto de inflexión se produjo cuando perdieron la casa. Su mujer dijo:

—Tenemos deudas. No puedo pagar la casa. No puedo criar a los niños sola. Me voy por mi cuenta.

Cuando su mujer vino con un remolque a llevarse sus cosas, él recuerda que se quedó mirando el retrovisor del vehículo, viendo a su mujer que se iba, con lágrimas en las mejillas, al igual que sus hijos. Y pensó: *Esto es lo que he conseguido para todos con mi manera equivocada de vivir.*

Su empresa lo trasladó de San Antonio a Victoria. En aquella época, no era un creyente comprometido, pero sabía que necesitaba la ayuda de Dios. Durante un año, siguió un curso de estudios bíblicos por correspondencia. Más tarde, oyó hablar de nuestra iglesia sin denominación, recién creada, y pensó: "Tengo que ir a verla".

Vino y dio su vida por el Señor, y siguió volviendo semana tras semana. Cuando su mujer trajo a los niños a verlo a Victoria, se fijó en el enorme cambio que se había producido en él. Para acabar la historia con pocas palabras, la familia se ha reconciliado, lo han recuperado todo y hoy son líderes en su iglesia local ayudando a restaurar otras. Cuando actuamos con pasión en el cumplimiento de los propósitos de Dios, nuestras vidas se transforman.

La práctica de la misericordia

David entendió que sus decisiones equivocadas afectaban a mucha gente. Sin duda lamentaba haber hecho pasar tantas penurias a sus hombres y sus familias. De vuelta en Siclag con sus soldados, sus familias y los bienes robados, se reunió con los doscientos hombres que habían renunciado por agotamiento:

> Y ellos salieron a recibir a David y al pueblo que con él estaba. Y cuando David llegó a la gente, les saludó con paz. Entonces todos los malos y perversos de entre los que habían ido con David, respondieron y dijeron:
>
> —Porque no fueron con nosotros, no les daremos del botín que hemos quitado, sino a cada uno su mujer y sus hijos; que los tomen y se vayan. (1 Samuel 30:21–22)

La respuesta de David a quienes proponían eso fue un no rotundo y claro. La parte del botín recuperado que se tenía que dar a los que se quedaron atrás con las provisiones sería la misma que recibirían los que combatieron. "Les tocará parte igual", ordena David, en el v. 24. Además,

> Envió del botín a los ancianos de Judá, sus amigos, diciendo:
>
> —He aquí un presente para vosotros del botín de los enemigos de Jehová. (v. 26)

David sabía lo que hacía. Su experiencia le decía que cuando uno se centra en sí mismo, las consecuencias son desastrosas, y estaba dispuesto a tomar decisiones que beneficiaran a Dios, a él mismo y a los demás.

A todo vapor

Orar y obedecer. Ser fiel a las promesas de Dios. Actuar con pasión. Practicar la misericordia. Cuando David cumplió estas condiciones,

Dios lo llevó por el camino de la bendición. Sin embargo huelga decirlo, hay infinidad de cosas que pueden hacernos perder el camino de nuestras oraciones, nuestros actos y nuestra misericordia. En realidad, hay muchas maneras de dejar de vivir una vida con significado. Nuestras debilidades nos tientan para que nos conformemos con menos, e intentan convencernos de que nuestra *confianza* en Dios no influirá positivamente en nuestras circunstancias. Un mundo opuesto a la voluntad de Dios también es un desafío para nuestra realización como creyentes, y sólo un carácter perseverante puede tener la fuerza necesaria para salir adelante. La presión exterior siempre nos tentará para que sigamos un camino más fácil, y es entonces que debemos recordar *concentrarnos* para cumplir la voluntad de Dios. *La obediencia trae consigo recompensas, no resentimientos. La obediencia es el camino a la siguiente etapa que nos depara la gracia de Dios.*

Volvamos a David. Llevaba sólo unos días en su casa de Siclag cuando un mensajero le trajo noticias de que Saúl había muerto. El mensajero también traía la corona que había adornado la cabeza de Saúl (ver 2 Samuel 1:4, 10).

En este momento decisivo de la vida de David, cuando está a punto de ponerse la corona que le habían prometido hacía años, preguntémonos por qué finalmente es coronado rey. ¿Por qué su coronación era el sueño de Dios? Sí. ¿Gracias a su obediencia? Sí. Pero la verdad es que Dios necesitaba la colaboración de David y de su pueblo para vencer. Tal como Nelson Mandela y Pat y Brooke necesitaban a mucha gente que se concentrara en obrar rectamente para crear un futuro mejor.

Es verdad que nuestra ayuda viene del santuario y de Zion. Por lo tanto, dejemos que Dios nos oriente hacia aquello que alimenta nuestra fe. Veremos que trae a gente de buena voluntad para ayudarnos, personas que entienden y encuentran en Dios la fuerza para vivir la vida con un propósito y con pasión. Teniendo presentes estas verdades —concentrados en obedecer la voluntad del Señor, junto a los miembros del equipo que Él nos ha dado— descubriremos una satisfacción y una alegría que las circunstancias difíciles no pueden quitarnos. ¡Ahora navegamos a todo vapor hacia una vida con significado!

Cuarta Parte

La cooperación

Bienaventurado el que tú escogieres y atrajeres a ti,
Para que habite en tus atrios;
Seremos saciados del bien de tu casa,
De tu santo templo.

Salmos 65:4

CAPÍTULO 10

Tira y afloja

William Carey fue un pastor inglés del siglo XVIII que trabajaba de zapatero para llegar a fin de mes. Un día, sintió el llamado de Dios para que llevara el evangelio a India. Aunque los colonialistas ingleses creyeran que los indios eran bárbaros paganos, Carey sabía que el poder redentor de la gracia de Dios proveería lo que fuera necesario para romper la servidumbre inhumana y traer incontables bendiciones. Mientras se preparaba para renunciar a la pequeña iglesia de su pueblo, Carey encontró a muchos cínicos y pocas personas dispuestas a apoyarlo. Incluso sus consejeros espirituales pensaban que estaba loco y hacían comentarios como "Dios puede llegar a los paganos sin su ayuda en cuanto se lo proponga". Carey sabía que Dios no *tenía* que usarlo, pero sentía intensamente que Dios *quería* usarlo.

Ni siquiera la mujer de Carey quería que partiera, pero su

convicción era tan sólida que decidió ir solo si ella se quedaba. Finalmente, obligada por la actitud resuelta de su marido, Dorothy Carey cedió, y ella y sus cuatro hijos acompañaron a William a India. Las semanas en Calcutta se convirtieron en meses, y los fondos de la misión entregados por su iglesia se agotaron pronto. Sin embargo, Carey conservaba su sueño de convertir a los nativos de India a su fe, que era fuente de vida. Volvió a su trabajo de zapatero, cultivó un jardín y comenzó a reconstruir su vida en una cultura que le era poco familiar. Él y su familia padecieron las condiciones de vida insalubres, la disentería, una cuasi hambruna y fiebres atroces, una de las cuales dejó a Carey calvo.

William Carey dedicó más de cuarenta años, más de la mitad de su vida, a trabajar en India como predicador, traductor, zapatero, botánico y reformador social. Sin embargo, sólo condujo a un puñado de personas hasta el Señor. Actualmente, la mayoría de la gente —influida por la perspectiva de lo-más-grande-es-siempre-lo-mejor, calificarían su misión de fracaso. Y si los contemporáneos de Carey sólo se hubieran atenido a las cifras, su vida no habría tenido mayor importancia e, incluso, habría sido ignorada. Pero el impacto de William Carey en India y en todo el mundo continúa hasta el día de hoy. Dios convirtió ese primer puñado de creyentes en una comunidad. Más tarde, esa comunidad se convirtió en muchas otras, y más y más. Hoy en día, *cincuenta millones* de personas tienen a Jesús por su Señor y Salvador, y *cientos de millones de personas* en todo el mundo son cristianos gracias al movimiento misionero moderno creado por William Carey.

Si Carey hubiera hecho caso a los escépticos en Inglaterra, entre ellos, a su mujer, no se habría convertido en el padre de las misiones modernas. Demostró, mediante ejemplos reales, que es posible llegar a las comunidades paganas si se está dispuesto a sufrir y a vivir en medio de dificultades. El ejemplo de Carey puede darnos alas. Al fin y al cabo, es probable que en nuestra vida significativa conoceremos al menos una estación sin frutos, cuando nos sentimos como si girásemos en banda, como si nuestros esfuerzos no sirvieran para gran cosa. *Vivir una vida con significado exige que cooperemos con Dios cuando los incrédulos dicen que no merece nuestro esfuerzo.*

TIRA Y AFLOJA

William Carey demostró ser un hombre de una obediencia tenaz, algo que se nos exige a todos antes de recibir las mejores recompensas de la vida. Nuestra relación con Dios será de dar y tomar, y aquellos que no están convencidos de que las recompensas de Dios llegarán, a la larga flaquearán en su decisión de cooperar con sus designios. Cuando sufren una decepción, estas personas actúan precipitadamente en lugar de obedecer y servir a Dios. Cuando no consiguen enseguida lo que quieren, se llenan de negatividad en lugar de seguir albergando esperanzas. Cuando otros los desaniman o desaprueban su conducta, buscan algo placentero en lugar de buscar la aprobación de Dios.

William Carey tuvo todas las oportunidades para ser una de esas personas y morir triste y frustrado. Él sintió la llamada de Dios, sintió la mano de Dios, y se vio obligado a actuar, pero también se enfrentó a un obstáculo tras otro y tuvo graves dificultades. Los seres humanos eran una parte importante de esos obstáculos pero, a pesar de las decepciones y contratiempos, Carey estaba decidido a seguir cooperando con Dios.

¿Y nosotros? Todos tenemos alguna idea de los grupos y los ambientes a los que algún día nos gustaría pertenecer… ¡si todos cooperaran! Sin embargo, ¿con qué estamos dispuestos a conformarnos hoy, entre los fracasos de los hombres? ¿O con qué nos conformamos cuando se hunde nuestro mundo de ensueños porque alguien se aprovechó de nuestra confianza? A medida que pasa el tiempo, las voces del escepticismo interior y exterior nos dicen que nuestros sueños no merecen el esfuerzo.

Pensemos en los sueños que teníamos cuando pequeños. Algunos queríamos ser atletas profesionales, volar a la luna, o ser mujeres exitosas con una familia feliz. Las circunstancias difíciles a veces nos empujan a renunciar a nuestros sueños. Las voces del rechazo: "¿A quién pretendes engañar?" y "¡Como si tú fueras capaz de hacer algo así!", pueden desanimarnos. Por temor a que su hijo se lleve una decepción, un padre dirá: "En lugar de volar a la luna como astronauta, ¿por qué no te haces piloto de avión?" Un amigo desanimado por su experiencia personal, dirá: "Olvídate del matrimonio. En cualquier caso, las mujeres buenas ya están casadas". Como en un tira y afloja, resulta difícil lograr que se cumpla un sueño.

Sin embargo, al igual que William Carey, David nos ha demostrado con el ejemplo que Dios recompensa la obediencia tenaz. Su cooperación con Dios lo hizo progresar desde su condición de pobre pastor a la de un poderoso guerrero, luego a la de un valiente hombre de la cueva y, finalmente, a la condición de rey. En 2 Samuel 2, David se dirige a los hombres de Jabes de Galad después de su coronación como rey de Judea:

> —Esfuércense, pues, ahora vuestras manos, y sed valientes; pues muerto Saúl vuestro señor, los de la casa de Judá me han ungido por rey sobre ellos. (v. 7)

David pronunció estas palabras después de que los valientes hombres de Jabes de Galaad hubieran enterrado a Saúl y a sus hijos. Antes, los filisteos le habían cortado la cabeza a Saúl y colgaron su cadáver —junto con los de sus hijos— en las murallas de Bet-sán en sus tierras (ver 1 Samuel 31:8–10). Era una manera de celebrar su victoria sobre los israelitas.

Sin embargo, esos hombres de Jabes de Galaad viajaron durante la noche hasta Bet-sán, y bajaron los cuerpos de Saúl y de sus hijos de las murallas y los llevaron de vuelta a Israel para ser enterrados como rezaba la tradición (ver vs. 11–13). 2 Samuel 1 se cierra con el lamento de David por Saúl y Jonatán, una canción que hizo aprender a todos los hombres de Judea. Al llamar a Saúl y Jonatán "la gloria" de Israel, David expresaba su gratitud por sus logros, por la prosperidad que habían traído a Israel y por las cosas positivas que le habían favorecido personalmente, sobre todo gracias a Jonatán.

En mi opinión, aquel lamento es una imagen bastante vívida de por qué David seguía avanzando hacia una vida cada vez más significativa. En Romanos 8:28, la Biblia promete:

> Y sabemos que a los que aman a Dios, todas las cosas les ayudan a bien, esto es, a los que conforme a su propósito son llamados.

Sin embargo, cuando las cosas no nos van bien, resulta muy fácil amar a Dios con cierta indolencia y renunciar a sus propósitos para seguir los propios.

La vida está llena de tira y aflojas, y una de las razones por las que las personas acaban siendo recompensadas es que permanecen en el bando correcto durante la lucha. Dios no promete que dejarán de existir las escaramuzas, pero sí promete estar a nuestro lado. En cuanto David animó a los hombres de Jabes de Galaad a ser fuertes y valientes, estaba preparado para la escaramuza siguiente.

La voluntdad de Dios vs. la voluntad de otros

En 2 Samuel 2, David supo que la mayoría de los líderes israelitas no se solidarizaban con él. Saúl tenía un hijo, Is-Boset, y los líderes de Israel lo nombraron rey a pesar de que la tribu de Judá ya había nombrado rey a David.

> Pero Abner hijo de Ner, general del ejército de Saúl, tomó a Is-Boset hijo de Saúl, y lo llevó a Mahanaim, y lo hizo rey sobre Galaad, sobre Gesuri, sobre Jezreel, sobre Efraín, sobre Benjamín y sobre todo Israel. (vs. 8–9)

¡Qué decepción! Recordemos la esperanza latente en las palabras de David cuando habló con los hombres de Jabes de Galaad. Pensaba que pronto sería rey y que vendrían tiempos mejores, pero aquella expectativa se vio desmentida por la realidad. Los deseos de otras personas no se plegaron a la voluntad de Dios. En palabras de mi padre, "La vida está llena de compromisos y decepciones, así que recuerda que sólo triunfan los fuertes".

Preguntémonos cuál sería nuestra actitud en esta situación. ¿Estaríamos tan decepcionados porque, con su espíritu egoísta, Saúl había contagiado a otros líderes de Israel que ni siquiera querríamos ser su rey? ¿Estaríamos enfadados con Dios y le preguntaríamos: "¿Cómo puedes permitir que esto siga así?" ¿O nos veríamos tentados a decir: "Hice todo lo que pude. Ha llegado el momento de ocuparme de cosas que me harán más feliz"?

Un día hablé en mi iglesia sobre este período en la vida de David. Se me acercó un piloto de avión jubilado después de la celebración del culto. Tenía en la mano una nota sobre una importante herramienta que los pilotos deben aprender a usar antes de pilotar un avión. Dicho instrumento se llama "indicador de actitud", y también se le conoce como "horizonte artificial", y en todas las cabinas hay uno con el fin de ayudar al piloto a mantener el rumbo. En el indicador hay una línea que representa el horizonte, y el símbolo de un pequeño avión. Todos los pilotos miran el indicador, porque si el morro del avión está demasiado alto, el motor se puede parar. Si el morro permanece demasiado bajo demasiado tiempo, el avión tendrá una elevación equivocada y correrá el riesgo de estrellarse. Si el avión está inclinado demasiado a la izquierda o a la derecha, perderá el rumbo a su destino.

¿Cuántos hemos perdido el rumbo de nuestras vidas porque no entendíamos cómo nos afectaban las malas actitudes? El autor de Hebreos nos advierte que:

> Mirad bien, no sea que alguno deje de alcanzar la gracia de Dios; que brotando alguna raíz de amargura, os estorbe, y por ella muchos sean contaminados. (12:15)

Es evidente que la amargura, así como la inquietud, el miedo, la deshonra, la ansiedad, la incredulidad y cualquier otra actitud negativa, dará frutos diferentes en nuestras vidas a los que nos da la gracia de Dios. Y los sentimientos negativos echan raíz muy fácilmente y luego motivan acciones que después lamentaremos.

Por ejemplo, todos conocemos ejemplos de personas que se casaron para escapar de la autoridad de los padres, no porque encontraran a alguien con quien construir un hogar feliz. ¿Cuántas personas han dejado su empleo porque ya no soportaban a su jefe, porque no entendían que Dios les había dado ese empleo para cultivar las habilidades que necesitarían para desenvolverse luego en empleos que disfrutarían más? ¿Cuántas personas han renunciado a nuevas relaciones o nuevas empresas porque no creían que sería tan difícil obedecer la voluntad de Dios? Vivir según la voluntad de Dios no significa que el camino sea fácil o esté libre de dificultades.

De hecho, la Biblia nos enseña que las personas que progresan en la vida son las que actúan de acuerdo con los propósitos de Dios en los tiempos difíciles así como en los fáciles, e incluso cuando se tuerce la voluntad de otras personas. De modo que a veces pareciera que progresamos más que en otros momentos, pero lo importante es mantener el rumbo. En 2 Samuel 3:1, leemos que: "Hubo larga guerra entre la casa de Saúl y la casa de David; pero David se iba fortaleciendo, y la casa de Saúl se iba debilitando".

Cuando la voluntad de otros se opone a la de Dios en nuestras vidas, debemos aprender a contentarnos con lo que sea que Dios nos permita avanzar en el cumplimiento de su voluntad.

La ayuda de Dios vs. los obstáculos humanos

El tira y afloja entre la voluntad de Dios y la del hombre es una de las batallas más frecuentes. También existe el tira y afloja entre la ayuda de Dios y los obstáculos humanos. Abner, el comandante del ejército de Saúl, era decididamente un obstáculo humano en la vida de David. Había probado los placeres del poder, y no estaba dispuesto a renunciar a esos placeres sin luchar, aún cuando habría vivido mejor teniendo a David como líder.

Abner tenía suficiente influencia en Israel para que nombraran rey a Is-Boset, y desató una guerra civil en Israel que duró siete años y seis meses. Abner, Is-Boset y otros luchaban por sus propios objetivos, mientras que David y sus hombres luchaban por Dios.

He observado con tristeza que a medida que sigo los propósitos de Dios en mi vida, algunas personas consideran que mi victoria, dispuesta por Dios, es para ellos como una pérdida. Es evidente que estas personas, como Abner, lucharán por los privilegios que acompañan a los propósitos que sirven. Quizá fue David el que enseñó a su hijo Salomón que "duros como el Seol [son] los celos" (Cantares 8:6). Sin duda, había mucha gente que quería llevar a David a su tumba.

En estos casos, intento recordar lo que, según Dios, conducirá finalmente a la victoria o la derrota:

> No os engañéis; Dios no puede ser burlado: pues todo lo que el hombre sembrare, eso también segará. Porque el que siembra para su carne, de la carne segará corrupción; mas el que siembra para el Espíritu, del Espíritu segará vida eterna. No nos cansemos, pues, de hacer bien; porque a su tiempo segaremos, si no desmayamos. (Gálatas 6:7–9)

A su tiempo segaremos, es lo que creían William Carey y David y, según eso, actuaban. Sin embargo, aquí en los Gálatas encontramos unas instrucciones útiles para esos momentos en que se aplaza el cumplimiento de la voluntad de Dios y creemos sinceramente que podemos negarla. En primer lugar, no podemos vivir con la idea falsa de que los propósitos de Dios fracasarán, porque eso no sucederá.

Desde luego, es tentador pensar así cuando nos topamos con dificultades. El peligro es el siguiente: ¿por qué trabajar en aras de un futuro que no parece posible? Y luego, debemos sembrar acciones que obedezcan a la palabra de Dios. La Biblia se refiere a nuestro trabajo como una semilla que sembramos, y la semilla determinará lo que vamos a cosechar. Finalmente, se nos dice que "no nos cansemos de hacer bien", que no desfallezcamos porque "a su tiempo segaremos". Lo que aquí debemos destacar es que la fe, la obediencia y la paciencia conducirán al cumplimiento del sueño de Dios. La siembra permanente de emociones negativas y de actos pecaminosos traerá consigo tiempos de derrotas.

Desde luego, Abner e Is-Boset conocieron esos tiempos de derrota. Cuando Abner vio los errores que había cometido, envió mensajeros a David: "¿De quién es la tierra? Haz pacto conmigo, y he aquí que mi mano estará contigo para volver a ti todo Israel" (2 Samuel 3:12). Abner se reunió con David y llegaron a un acuerdo. Sin embargo, Joab, el comandante militar de David, lo escuchó y confesó a David que desconfiaba de Abner. Después de esta conversación, y actuando sin que David lo supiera, Joab envió mensajeros para que llamaran a Abner y le dijeran que volviera donde el rey. Joab se llevó a un lado a Abner, como si quisiera hablar con él en privado. Y entonces le asestó una puñalada en el vientre y lo mató. Es verdaderamente asombroso cómo las motivaciones egoístas nos explotan en las manos.

Is-Boset, el rey encumbrado al trono por voluntad del hombre y reinando gracias al apoyo del hombre, no pudo aguantar la pérdida de Abner. Cuando se enteró de su muerte "las manos se le debilitaron, y fue atemorizado todo Israel" (2 Samuel 4:1). Is-Boset perdió su valor porque sabía que la alianza del pueblo con él se fundaba en el liderazgo y la fuerza de Abner, no en la voluntad de Dios ni en sus derechos como único heredero vivo. El pueblo de Israel también estaba preocupado, ya que sus planes habían fracasado. Se preguntaban cómo trataría David a quienes habían luchado contra él.

Entretanto, dos hombres de Is-Boset, Banna y Recab, urdieron su propio plan. Fueron a la casa de Is-Boset y lo apuñalaron mientras disfrutaba de su descanso a mediodía. Luego le cortaron la cabeza y se la llevaron a David, y dijeron: "He aquí la cabeza de Is-Boset hijo de Saúl tu enemigo, que procuraba matarte; y Jehová ha vengado hoy a mi señor el rey, de Saúl y de su linaje" (2 Samuel 4:8). Una vez más, comprobamos que si sembramos semillas de nuestra naturaleza inferior, a la larga nos traerá decadencia y muerte, tal como ha dicho Dios.

A la manera de Dios y a nuestra manera

Es muy importante entender las estrategias del pecado. El apóstol Pedro advertía a los creyentes: "Sed sobrios, y velad; porque vuestro adversario el diablo, como león rugiente, anda alrededor buscando a quien devorar" (1 Pedro 5:8). Al parecer, Pedro también había aprendido que no estar alerta podía tener consecuencias peligrosas.

Hace años, se informó de un puma que andaba suelto en nuestra pequeña ciudad. Estas cosas suceden de vez en cuando en los estados rurales de Estados Unidos. Según las noticias, una noche se vio al león merodeando cerca del Burger King local. Esa noche, al irme a la cama, me preguntaba si la gente se sentiría algo menos motivada para *hacer lo que le diera la gana.*

¿Alguna vez se ha preguntado por qué Dios nos pide que sigamos su camino y no el nuestro? ¿Acaso Dios es tan egocéntrico que no soporta que las cosas no se hagan a su manera? ¿O acaso es tan controlador que siempre tiene que estar al mando? Desde luego que no. Dios nos pide que sigamos su camino porque sabe que nuestra vida mejorará si lo seguimos.

Incluso antes de que lo coronaran rey de todo Israel, David dio pruebas de su compromiso no sólo con la voluntad de Dios sino también con sus procedimientos. Ese compromiso le ayudó a lidiar con las secuelas de la muerte de Abner. Joab era el jefe militar de David y su "co-labrador" para cumplir la voluntad de Dios. Pero también era el conspirador que mató a Abner. ¿Qué haría David? ¿Acaso ignoraría la culpa de Joab porque, en cierto sentido, Abner se lo tenía merecido?

No, David se enfrentó al crimen, aunque lo hubieran cometido contra un individuo que había sido su rival muchos años. Incluso lloró su muerte:

> Y endechando el rey [David] al mismo Abner, decía:
>
> —¿Había de morir Abner como muere un villano?
>
> Tus manos no estaban atadas, ni tus pies ligados con grillos; Caíste como los que caen delante de malos hombres. (2 Samuel 3:33–34)

Observemos que David llama mal hombre a Joab, su jefe militar, por asesinar a Abner. En lugar de perdonar el pecado de Joab, David declaró rotundamente que el asesinato era condenable. La Biblia dice:

> Todo el pueblo supo esto, y le agradó; pues todo lo que el rey hacía agradaba a todo el pueblo. Y todo el pueblo y

> todo Israel entendió aquel día, que no había procedido del rey el matar a Abner hijo de Ner. (vs. 36–37)

Recordemos que estos hombres que estaban contentos con David eran los mismos que habían seguido a Abner en lugar de unirse a Judea para coronar rey a David. ¿Qué había cambiado en los corazones de la gente después de siete años y medio? Creo que es lo mismo que acabó por cambiar en India y que ha cambiado los corazones de muchas personas que se oponían a la voluntad de Dios y a sus procedimientos. Cuando el pueblo de Dios cumple pacientemente su voluntad, siguen sus procedimientos y confía en su ayuda —como lo hicieron William Carey y el rey David—, entonces ganamos el tira y afloja contra el mal.

Obedecer las órdenes de Dios con las armas que él nos ha dado, he ahí lo que significa colaborar con Dios. En Filipenses 2:12–13, el apóstol Pablo escribió lo siguiente:

> Por tanto, amados míos, como siempre habéis obedecido, no como en mi presencia solamente, sino mucho más ahora en mi ausencia, ocupaos en vuestra salvación con temor y temblor, porque Dios es el que en vosotros produce así el querer como el hacer, por su buena voluntad.

Es verdad que Dios tiene buenos propósitos para todo su pueblo, y obra de tal modo que todos podamos cumplir con ellos. Sin embargo, destaquemos la importancia de la obediencia, no sólo cuando el predicador nos está mirando sino de manera constante y paciente, hasta que se haya cumplido la voluntad de Dios.

Cómo trabaja Dios

Mi madre tardó más de siete años en aceptar mi experiencia de salvación, de modo que sé lo que vivió David. Era una madre maravillosa, y no había otro chico en el pueblo que recibiera más cariño (de hecho, mi mujer todavía hoy piensa que ojalá no me hubieran mimado tanto). No crecí en una iglesia como la que hoy dirijo. Así que cuando ofrecí mi vocación al Señor, mi madre lo vio como un rechazo del estilo de vida en el que había crecido. Yo no quería rechazar a nadie. Sólo intentaba aceptar la preeminencia de Dios en mi vida. Desde entonces, he sabido que muchas personas viven en conflicto con sus seres queridos debido a su compromiso con Cristo.

¿Qué podemos hacer para estar en paz con estos seres queridos y seguir avanzando para cumplir con el propósito que nos ha concedido Dios? ¿Cómo podemos dejar el pasado a nuestras espaldas y, a partir de hoy mismo, entregarnos a un futuro lleno de bendiciones? Una vez más, David nos da una clave cuando vemos cómo unificó Israel.

> Vinieron todas las tribus de Israel a David en Hebrón y hablaron, diciendo:
>
> —Henos aquí, hueso tuyo y carne tuya somos. Y aun antes de ahora, cuando Saúl reinaba sobre nosotros, eras tú quien sacabas a Israel a la guerra, y lo volvías a traer. Además Jehová te ha dicho: Tú apacentarás a mi pueblo Israel, y tú serás príncipe sobre Israel.
>
> Vinieron, pues, todos los ancianos de Israel al rey en Hebrón, y el rey David hizo pacto con ellos en Hebrón

> delante de Jehová; y ungieron a David por rey sobre Israel. (2 Samuel 5:1–3)

Imaginemos cómo se habrá sentido David. Habían pasado veinte años desde que Samuel lo ungiera y él matara a Goliat, convirtiéndose así en el joven preferido de Israel. Seguramente, David no sospechaba que el camino al trono estaría tan plagado de dificultades. Pero también estoy seguro de que nos diría que una vida caracterizada por una obediencia tenaz tiene en sí misma una recompensa satisfactoria.

Por lo tanto, no ponga fin a ese matrimonio que Dios ha colmado de promesas. No abandone a ese hijo que durante una época se ha mostrado díscolo. Y, por favor, no renuncie a las personas que le crean problemas hoy, porque el día de mañana podrían convertirse en sus más fieles compañeros.

Tener un sueño es muy diferente a vivirlo, ¿no? Pensemos en esta sabia frase de un famoso terapeuta matrimonial: "El amor es estar juntos en el sofá, pero el matrimonio es ganar el dinero para comprar el sofá. El amor es hablar de cuántos hijos queremos tener algún día, pero el matrimonio es hacer todo lo necesario para criar hijos que sean creyentes y tengan éxito día a día". Ha hablado con claridad: *la visión es emocionante, pero sólo perseverando y haciendo lo correcto conseguimos que esa visión se realice.*

En este momento de la vida de David, él ayudó a que la visión de Dios se realizara estableciendo una alianza con los ancianos de Israel. En la Biblia, a través de una alianza las personas se comprometen a hacer lo que Dios pide de ellas. Mediante estas alianzas, se ponía fin a la muerte y destrucción causadas por las ambiciones individuales y las conspiraciones políticas.

En nuestras propias vidas debemos esforzarnos por construir con otras personas el espíritu de este tipo de alianza. Todos podemos conocer días de bendición con Dios si nos ayudamos mutuamente a cooperar con su voluntad y sus designios. Cuando no cooperamos con este espíritu de una vida con significado, nos alejamos de lo mejor que Dios nos da y quedamos cojos. Para gozar del dulce sabor de una vida con significado, debemos cooperar de formas que nos permitan poner en práctica nuestros dones únicos junto a otros. Es probable que sea inevitable cierto grado de conflictos y enfrentamientos, pero mientras todos trabajemos juntos con espíritu de cooperación para alcanzar los sueños de Dios, prosperaremos.

Capítulo 11

Desvíos creativos

Como les sucede a muchos hombres, a veces me cuesta bastante detenerme a preguntar por una dirección. No es que sea demasiado orgulloso o demasiado tímido (la mayoría de las veces), sino que me gusta creer que puedo encontrar el camino solo si persevero y sigo buscando. Conducir en lugares desconocidos me parece una especie de rompecabezas. La mayoría de las veces mi mujer y mis hijos son muy pacientes conmigo (una vez más, la mayoría de las veces) y, en lugar de decir "nos parece que no tienes ni idea de por dónde vamos", suelen referirse a mis problemas de orientación como "desvíos creativos". A menudo mis desvíos creativos quieren ver el aspecto positivo. En un camino secundario, quizá veremos una bonita puesta de sol, o descubriremos un restaurante pequeño y perdido donde sirven una comida increíble. "Estaba todo planeado", suelo bromear, cuando encontramos una bendición inesperada en una de mis andanzas.

Desde luego, la verdad es que *no* tenía planeado toparme con dichas bendiciones. Más bien, ellas nos encuentran a nosotros. Si dependiera de mí, lo más probable es que escogería el camino más corto y eficiente entre un punto A y un punto B para demostrar que tengo un excelente sentido de la orientación. Pero he aprendido en la vida que si trazo mi propio camino, únicamente siguiendo mis ideas y expectativas, perderé gran parte de las bendiciones y oportunidades que Dios ha pensado poner en mi camino. He ahí una de las razones por las que debemos aprender a adaptarnos a los desvíos de la vida. La clave consiste en cooperar con Dios y con los demás, incluso cuando nos sentimos perdidos. Entonces no nos perderemos aquella vida más trascendente que sólo Dios puede otorgar.

La cooperación es muy importante para lo significativo porque determina cómo respondemos cuando no podemos ver dónde nos llevará el camino. La cooperación dirá si obedecemos a Dios, confiamos en Él y pagamos el precio de lo significativo trascendente, o si cederemos a nuestras frustraciones pasajeras. La cooperación no significa sólo llevarse bien con Dios. Significa el precio de seguirlo, significa ceder y someterse a Él, y significa pagar el precio para seguir centrados porque entendemos que nos lleva a lugares donde nunca podríamos llegar solos, lugares que harán más significativa nuestra vida de lo que podríamos lograr solos.

Mapas equivocados

Mientras pensamos en lo que significa cooperar con Dios durante los desvíos aparentes de la vida, quizá no haya mejor manera de empezar que con aquellos mapas que elaboramos para nosotros mismos y que luego seguimos testarudamente sin siquiera detenernos a pensar si concuerdan con las orientaciones de Dios para nuestras vidas. Casi todos hemos vivido esos períodos de la vida cuando estamos convencidos de saber qué es lo mejor para nosotros, qué nos hará felices y dará sentido a nuestras vidas. Navegar a través de esos períodos puede ser como intentar ir desde Maine hasta California con un mapa que tiene cincuenta años. Nuestros datos han caducado y ya no son válidos. Creemos que sabemos dónde vamos y tenemos un plan general, pero después descubrimos que nuestra perspectiva era limitada.

Reflexionaremos sobre algunos de los desvíos de David, pero antes quisiera comentar otra de mis anécdotas preferidas de las Escrituras para ilustrar lo que significa vivir según nuestros propios mapas. Es una historia conocida, una parábola que cuenta Jesús acerca de lo que significa estar perdido y volver a encontrar el camino.

Es la historia de un hombre rico que tiene dos hijos, a los que quiere mucho. Cuando el más joven llega a la edad adulta, decide que ya sabe lo que quiere de la vida y cómo conseguirlo. Así que le dice a su padre que quiere recibir lo que le corresponde por herencia, es decir, la mitad de su dinero. En lugar de decir: "¿Estás bromeando?", como podríamos hacerlo usted o yo, el padre tiene el valor de entregarle al audaz hijo un montón de dinero.

El joven, desde luego, deja la casa paterna y se dirige a la ciudad a divertirse. (Esta parte de la historia siempre me recuerda a Pinocho, cuando viaja a la Isla del Placer para jugar al billar, fumar cigarros y quedarse hasta tarde, sólo para descubrir que, como todos los niños perdidos, se ha transformado en un burro). Como muchos sabemos, sobre todo recordando nuestra juventud, cuando tenemos dinero para gastar, no tenemos problemas para encontrar amigos con ganas de disfrutar de ello. Pero muchos también hemos descubierto que cuando el fuego del dinero se enfría, aquellos amigos aprovechados se revelan como oportunistas dispuestos a dejarnos y pasar a la siguiente parranda.

De modo que nuestro joven viajero se encontró sin dinero y solo, perdido y atemorizado. No quería volver a su casa después de cómo había tratado a su padre, así que aceptó un trabajo dando de comer a los cerdos. A menudo sufría tanta hambre que las porquerías que le daba a los cerdos le parecían apetitosas.

¿Alguna vez ha sufrido tanta hambre que sería capaz de tomar leche rancia y comer cáscaras de manzanas, fruta podrida y restos de la comida que han dejado otros? Puede que nos cueste imaginar esto en el mundo lleno de comida rápida que nos rodea, pero quizá podamos imaginar el apetito de ese joven de otras maneras.

Aunque nunca haya estado tan desesperado por comer que podría aceptar restos y porquerías, quizá ha estado dispuesto a conformarse con algo inferior a lo mejor que Dios nos ofrece. Quizá las ganas de ser amado nos lleva a trabar amistades equivocadas. O quizá tememos tanto al riesgo que nos conformamos con un empleo mal pagado, de nivel inferior, en lugar de poner en juego todo nuestro potencial. Quizá una adicción nos hace alimentar nuestro apetito legítimo de trascendencia con el alcohol u otras sustancias que pueden mitigar el dolor que nos producen los desvíos de la vida.

Sin embargo, esas cosas suceden precisamente durante los desvíos de la vida, cuando de pronto nos damos cuenta de dónde estamos. Vemos que hemos sido creados para mucho más que aquello con lo que nos contentamos. Nos damos cuenta de que nuestro mapa es limitado y que, a la postre, nos ha conducido a un laberinto de callejones sin salida. Y esa conciencia puede ser un regalo, como lo demuestra la experiencia del joven de la historia, mejor conocida como la parábola del hijo pródigo.

> Y volviendo en sí, dijo:
>
> —¡Cuántos jornaleros en casa de mi padre tienen abundancia de pan, y yo aquí perezco de hambre! Me levantaré e iré a mi padre, y le diré: Padre, he pecado contra el cielo y contra ti. Ya no soy digno de ser llamado tu hijo; hazme como a uno de tus jornaleros. (Lucas 15:17–19)

Este joven entendió que el mapa que había elaborado y seguido lo había llevado a morirse de hambre en una porqueriza (o, como dice un amigo terapeuta a las parejas en crisis: "Sus mejores decisiones los han traído a donde están ahora"). Nuestro joven pródigo pensó en otro camino que quizá le devolvería su dignidad. Así que volvió a casa, pensando que comería cuervo pero, en cambio, se deleitó con la ternera grasa.

> Y cuando aún estaba lejos, lo vio su padre, y fue movido a misericordia, y corrió, y se echó sobre su cuello, y le besó. (Lucas 15:20)

Puede que éste sea uno de los versículos más bellos y vitales de todas las Escrituras porque, como el hijo pródigo, a menudo nosotros también subestimamos el amor y compasión de nuestro Padre. Sin importar lo perdidos que estemos por haber querido seguir nuestro propio camino, sin que importe lo desastroso de las consecuencias de nuestras decisiones erradas, y sin importar cuánta porquería hayamos comido por el camino, nuestro Padre celestial nos sigue amando y quiere que cooperemos con Él. Si estamos dispuestos a cooperar y seguir su mapa de caminos, si decidimos dejar el comedero de los puercos y volver a su mesa, Él nos restablecerá y nos guiará por el camino de la auténtica trascendencia, y no hacia la frustración y mediocridad.

De modo que si usted está luchando para vivir una vida con significado, le sugiero que mire de cerca su mapa actual. Hay muchas decepciones y desvíos en la vida que son el resultado de las decisiones mezquinas que tomamos. En lugar de servir a Dios, sucede a menudo que nos largamos a caminar solos, convencidos de que sabemos dónde y cómo Él quiere que lleguemos. Lo positivo, en cualquier caso, es que por muy perdidos que estemos, Dios puede corregir nuestros pasos y situarnos en su mapa. Si estamos dispuestos a pagar el precio de renunciar a los mapas que hemos elaborado y a cooperar con Él, descubriremos una vida con significado todos y cada uno de los días.

Objetivos en movimiento

Nuestros propios deseos egoístas y nuestros mapas falsos no son la única causa de los desvíos de la vida. En otros casos, son el resultado de retrasos y contratiempos inesperados. ¿Alguna vez ha salido en una de esas excursiones en que nada parece salir bien? Primero es una rueda pinchada y no tenemos repuesto. Luego nos ponen una multa por exceso de velocidad porque queremos recuperar el tiempo perdido con la rueda pinchada y, al final, el motor sufre un sobrecalentamiento. Un problema detrás de otro. Nuestro viaje vital hacia lo significativo puede sin duda tener el mismo tipo de problemas. Como hemos visto con el tira y afloja espiritual del último capítulo, a veces sufriremos los dardos del Enemigo, que intenta distraernos y retrasarnos. Una de las maneras más evidentes con que Satanás intenta que perdamos el camino es a través de la persecución, las tentaciones de todo tipo y los conflictos con los demás.

David sabía sin duda lo que significaba ser un objetivo para sus enemigos. Como hemos visto, primero tuvo que vencer la desconfianza de la gente hacia sus propósitos. Luego tuvo que evitar que lo alcanzara la lanza de su predecesor, Saúl. A partir de entonces, el desafío de David consistió en superar las maniobras políticas y las luchas internas de los últimos seguidores de Saúl, un grupo liderado por Abner e Is-Boset, además de una iniciativa complicada por Joab.

Cuando David creyó que por fin su camino al trono estaba despejado, éste de pronto se volvió más intransitable y caótico que antes. Todos tenemos recuerdos de este tipo de desvíos en nuestras vidas, cuando de pronto las expectativas dan un vuelco total y ocurre lo último que cabría esperar. En esos momentos, somos muy vulnerables a los ataques del Enemigo. Por ejemplo, digamos que hemos trabajado duro para obtener un ascenso. Hemos trabajado horas extra, hemos asistido a clases de formación los fines de semana y hemos realizado nuestro trabajo con diligencia. Pero entonces contratan a otra persona más joven, con menos experiencia, y le ofrecen el trabajo que creíamos nos estaba destinado. Nos vemos tentados de dimitir y aceptar un puesto menor en otro empleo o nos proponemos sabotear a la nueva jefa cuando se presente. Sin embargo, quizá Dios quiera servirse de esa decepción en nuestra vida para fortalecer nuestro carácter y prepararnos para una oportunidad aún más importante de liderazgo en el futuro.

Ocurre con frecuencia que olvidamos el hecho de que seremos perseguidos en esta vida si servimos a Dios y vivimos lo que Él nos depara. Satanás está empeñado en alejarnos del camino de Dios y usará todos los medios a su alcance para disuadirnos de llevar una vida recta y significativa. Por eso es tan importante que nos armemos con las armas de la oración, las Escrituras y la cooperación con otros creyentes. Cuando la vida toma un rumbo inesperado, debemos estar dispuestos a confiar en Dios y su soberanía. Si no lo estamos, corremos el riesgo de convertir en un mortal callejón sin salida lo que sirve a Dios como desvío creativo.

Desvíos divinos

Los desvíos de la vida ocurren no sólo cuando tomamos decisiones equivocadas o cuando nos ataca el Enemigo. Los desvíos suelen producirse cuando nuestras expectativas no concuerdan con lo que Dios nos depara. David se topó con un desvío de esa naturaleza cuando por fin alcanzó el trono prometido cuando aún era un joven pastor. Durante un breve respiro en la acción de su vida, David se dio cuenta de que habitaba una morada más bella que la de Dios:

> Aconteció que cuando ya el rey habitaba en su casa, después que Jehová le había dado reposo de todos sus enemigos en derredor, dijo el rey al profeta Natán:
>
> —Mira, ahora yo habito en casa de cedro, y el arca de Dios está entre cortinas. (2 Samuel 7:1–2)

David creyó que había llegado el momento de construir un templo permanente para el arca de la alianza, donde se guardaban los Diez Mandamientos y los emblemas de la presencia de Dios entre su pueblo. Natán confirmó a David que Dios estaba con él y que Dios honraría su deseo con una ligera variante. En lugar de permitirle a

David construir el templo, explicó Dios por boca de Natán, serían los descendientes de David quienes lo construyeran. Parece probable que, puesto que David era un rey guerrero, un hombre capaz de ejercer violencia y que había derramado mucha sangre, aunque fuera un hombre inspirado en el corazón de Dios, el Señor prefería que fuera un hombre de paz quien construyera su templo. Y, si damos un salto hacia delante en la historia, sabemos que eso fue lo que, en realidad, sucedió. El hijo de David, Salomón, lo sucedió como rey y construyó un templo glorioso (1 Reyes 6). ¿Cómo habríamos respondido de haber estado en el lugar de David?

En el mensaje de Dios a través de Natán, había una semilla de decepción para el rey pastor. David había sufrido muchas penurias para cumplir con su destino, y creía justo construir un bello templo y devolver algo significativo a Dios. En su respuesta, Dios le comunicaba su apoyo, su amor y sus bendiciones, pero también informaba al rey que no sería él mismo quien construyera el templo, sino que lo haría su hijo.

A veces, cuando al igual que David, llegamos a la cumbre de una montaña que llevamos un tiempo escalando y nos detenemos para recuperar el aliento, creemos saber lo que Dios quiere de nosotros y se lo ofrecemos. Sin embargo, debemos estar preparados por si Dios no desea que lo sirvamos de la manera que esperamos o deseamos. Por ejemplo, puede que querramos servirlo en el ministerio de la fe, pero ¿qué pasará si los planes de Dios no concuerdan precisamente con lo que imaginábamos o queríamos? Cuando pensamos en lo que significa para nosotros entregarnos a quienes somos y al lugar donde Dios nos ha puesto, debemos estar dispuestos a aceptar que nuestros roles no sean de lo más rutilantes ni nos conviertan en el centro de atención. Puede que Dios no quiera que sirvamos como pastores rectores sino como ujieres. Quizá no sea aquel jefe del equipo pastoral que viaja a México, pero puede que Dios le pida organizar la campaña de recogida de alimentos para el centro de acogida del pueblo.

A veces, los desvíos orquestados por Dios nos exigen que dejemos nuestros regalos ante Él y respondamos a sus demandas. Puede que éstos sean los tiempos más difíciles para cooperar con lo que Él nos depara en nuestras vidas. Queremos servirle y ofrecerle algo que nos sentimos motivados a darle y, no obstante, Él nos pide que esperemos o que lo sirvamos de maneras que no nos parecen demasiado estimulantes. Sin embargo, debemos confiar en que nuestro Padre sabe lo que hace, y debemos seguir siendo humildes de espíritu.

Desde luego, la respuesta de David a este desvío de Dios señala que sabía ser humilde y mostrarse agradecido por lo que Dios le había prometido:

> Y entró el rey David y se puso delante de Jehová, y dijo:
>
> —Señor Jehová, ¿quién soy yo, y qué es mi casa, para que tú me hayas traído hasta aquí?...
>
> Por cuanto no hay como tú, ni hay Dios fuera de ti, conforme a todo lo que hemos oído con nuestros oídos...
>
> Porque tú, Jehová de los ejércitos, Dios de Israel, revelaste al oído de tu siervo, diciendo: Yo te edificaré casa. Por esto tu siervo ha hallado en su corazón valor para hacer delante de ti esta súplica. Ahora pues, Jehová Dios, tú eres Dios, y tus palabras son verdad, y tú has prometido este bien a tu siervo. Ten ahora a bien bendecir la casa de tu siervo, para que permanezca perpetuamente delante de ti, porque tú, Jehová Dios, lo has dicho, y con tu bendición será bendita la casa de tu siervo para siempre. (2 Samuel 7:18, 22, 27–29)

En lugar de protestar porque él no podría construir el templo, David entendió que le habían hecho un gran regalo. Dios había prometido colmarlo a él y a sus descendientes de bendiciones, acompañarlos (y no alejarse de ellos como se había alejado de Saúl) y permitir al hijo de David construir un templo para la eternidad. Ninguna de éstas era cosa nimia. David no había olvidado sus orígenes ahora que era rey. Sin embargo, a veces estamos tentados de fijarnos en lo que no poseemos en lugar de apreciar lo que tenemos. Nos invade un sentido del derecho y el Enemigo utiliza nuestra posición encumbrada para envenenarnos de orgullo. Sin embargo, David nos muestra un gran ejemplo de cooperación con Dios, incluso cuando querríamos hacerlo a nuestra manera. Su humildad y su gratitud deberían inspirarnos para que nunca perdamos de vista lo que más importa.

El combustible de la alabanza

La respuesta de David en este caso me recuerda esos grandes carteles publicitarios en las autopistas que nos informan que hay una gasolinera en la próxima salida. Al viajar por las autopistas y las carreteras secundarias de la vida, podemos fácilmente despistarnos y errar el camino. Puede que se nos acabe el combustible y quedemos agotados y desanimados. Cuando nos dejamos vencer por nuestras decepciones y temores, nuestros desvíos se convierten fácilmente en una parada de amargura y desesperación. Como un coche estropeado y abandonado a la orilla del camino, nos quedaremos estancados si nos centramos sólo en el dolor y en el orgullo herido de nuestras expectativas truncadas.

¿Qué podemos hacer para repostar combustible cuando los

desvíos de la vida nos dejan el depósito seco? Estoy convencido de que podemos sacar el mejor partido de cada desvío si lo tomamos como una oportunidad para maravillarnos. Recordemos la respuesta de David ante la necesidad de esperar veinte años para llegar al trono que Dios le había ofrecido cuando todavía era un pastor de ovejas. David no dejó de alabar a Dios por su fidelidad y su generosidad. En realidad, creo que David descubrió uno de los secretos para vivir una vida con significado: *La alabanza es el combustible que nos permite seguir adelante en nuestro viaje en la fe.*

Ahora bien, no estoy seguro de si es combustible sin plomo, regular o diesel, pero creo que la alabanza de Dios, quizá sobre todo cuando nos sentimos perdidos o inseguros, permite que el motor de nuestros corazones recorra kilómetros y kilómetros. O, para hacer otra comparación, la alabanza nos ayuda a mantenernos centrados en Él como nuestra auténtica Estrella Polar. Como un escalador perdido en la montaña intentando orientarse, miramos hacia nuestro Creador en busca de una perspectiva, para tener una noción de dónde nos encontramos y adónde nos quiere llevar. La alabanza nos permite desviar nuestra atención de las circunstancias presentes y giros equivocados para orientarla de nuevo hacia Dios, la mejor brújula de nuestros corazones.

David recurrió a la fe para llenar de combustible su depósito de la fe y para consultar su brújula en diversas situaciones. Cada vez que se encontraba frente a un gigante filisteo, un rey encolerizado o una decepción personal, David seguía buscando a Dios y mostrándole su agradecimiento. Los numerosos salmos compuestos por David son seguramente un testimonio de su capacidad para encontrar motivos para maravillarse entre los giros y recovecos de su viaje vital. En el Salmo 145:1, declara:

> Te exaltaré, mi Dios, mi Rey, y bendeciré tu nombre eternamente y para siempre.

Ese "para siempre" incluye ciertamente tanto los tiempos de decepción como los tiempos buenos.

En otro salmo, David escribió:

> Deléitate asimismo en Jehová, y él te concederá las peticiones de tu corazón. (37:4)

Es un poderoso recordatorio para mantenernos centrados en la alegría de conocer a Dios, y no en compadecernos de nosotros mismos, algo que suele ocurrir cuando nos obsesionamos con lo que no tenemos o no hemos conseguido. También hay sabiduría en la observación de David. Básicamente, nos dice que lidiemos con nuestras situaciones vitales de la manera que Dios quiere que lo hagamos. Así, conoceremos la enorme satisfacción de ver cumplidos nuestros deseos más profundos, más que la satisfacción pasajera de hacer lo que querramos o de dar rienda suelta a nuestros apetitos carnales. Recomiendo a todos que lean los salmos. Veremos que muchos de ellos son alabanzas que nos sirven como combustible para nuestro viaje.

Ahora que concluimos esta visión de los desvíos creativos de Dios, la voluntad de David para alabar a Dios en medio de las incertidumbres y decepciones de la vida nos da unos ejemplos poderosos. Si estamos dispuestos a cooperar con Dios, Él ha prometido usarnos y satisfacernos como sus amados hijos e hijas. Como un padre tierno que ama a cada uno de sus hijos de manera especial y les da a cada uno una tarea única, Dios nos cuida y desea que seamos plenamente aquello para lo que Él nos creó. Cuando cooperamos con Él en los giros inesperados de nuestro viaje vital, podemos vivir la bendición de sus designios creativos, de aquellos lugares que quizá no concuerdan con nuestras expectativas pero que, aún así, sirven como estímulos para vivir una vida con significado.

Capítulo 12

Casas de dos pisos

Nunca olvidaré el día en que, poco después de casarnos, llevé a mi mujer al pueblo de mi infancia en Pennsylvania. Pasamos ahí las vacaciones y unos amigos nos invitaron a una fiesta de Año Nuevo. Llevábamos un poco de retraso así que cuando llegamos ya había una fila de coches estacionados delante de la casa.

Mi mujer se sorprendió al ver tantos coches estacionados frente a lo que parecía una casa tan pequeña. Mientras cruzábamos a toda prisa entre los coches, bajo un aire gélido, mi mujer me dijo, intrigada:

—¿Cómo puede caber tanta gente en esa casa tan pequeña?

Tamara es oriunda de la región de la costa del Golfo frente a Texas, y no sabía que las casas de los yankis suelen ser más grandes de lo que parece.

Tocamos el timbre y nos recibieron mis amigos. Tamara observaba detenidamente los interiores, miraba las fotos y los bellos objetos que adornaban la casa, y dijo unos cuantos cumplidos. Sin embargo, por debajo de sus modales formales, yo sabía que sentía curiosidad: ¿dónde estaban todos los invitados que habían estacionado sus coches allá afuera?

Finalmente, mis amigos nos llevaron a la sala de la fiesta. Pasamos a otra habitación y abrimos una puerta que conducía al sótano. Hubiera querido tener una cámara para guardar una imagen de la reacción de mi mujer. Fue muy divertida. En aquella sala subterránea había mesas con comida, había un montón de gente divirtiéndose y todos reían.

Pasamos una noche maravillosa y dimos alegremente la bienvenida al Año Nuevo. Fue muy agradable. Disfrutamos con los amigos y la comida, los juegos y la conversación. Y yo seguía disfrutando mientras volvíamos a casa.

—Ji-im —dijo Tamara, cuando subimos al coche. Me encanta el acento sureño de mi mujer y su manera de pronunciar mi nombre, como si tuviera dos sílabas.

—La casa de tus padres no tiene sótano —dijo—. ¿Hay muchas casas que tienen una sala aparte? ¿Como ésa?

Yo no podía aguantar la risa y le expliqué a Tamara que casi todas las casas en el barrio de mi amigo eran así. Ninguna de las casas era tan pequeña como parecía. Si bien no todas tenían sótanos totalmente ocultos bajo tierra, la mayoría tenía una sala por debajo del primer piso. Tamara me dijo que la casa de nuestros sueños tendría que ser más grande de lo que habíamos planeado inicialmente. Estaba decidida a tener una sala igual a la que acababa de descubrir.

Ahora bien, en mi labor de pastor, siempre intento ilustrar mis sermones con anécdotas. Cuando volvimos a Texas, tuve una idea de cómo usar esa experiencia con aquella sala oculta. Todos vivimos en casas de dos pisos. El piso que conocemos de nosotros y nuestras vidas —los hechos, acontecimientos e historia relativos a quiénes somos y de dónde venimos: dónde nacimos, los colegios a los que fuimos y la fecha en que comenzamos a trabajar en nuestro empleo actual. Y luego está el segundo piso, que nadie conoce, excepto nosotros y Dios, a menos que dejemos entrar a alguien, o que ocurra algo en su interior que se convierta en una historia para el mundo exterior. *En ese segundo piso nos encontramos —en privado— con nuestras tentaciones, nuestros éxitos y fracasos y sueños. La cooperación con Dios en esta habitación es una condición esencial si queremos vivir una vida con significado.*

HABITACIONES OCULTAS

En las luchas y tensiones de la vida, cuando nos enfrentamos a las tentaciones o cuando tenemos que asumir fracasos, no siempre cooperamos con Dios. Las personas que pasan por una crisis y vienen a verme en mi calidad de pastor me dicen a menudo:

—Ya no sé cómo cooperar con Dios, Jim. Me siento como si hubiera perdido en el tira y afloja y ahora siguiera como por inercia. Mi desvío creativo se ha convertido en una calle con tránsito en un solo sentido.

Si hemos vivido lo suficiente y somos sinceros con nuestras experiencias, entendemos lo que quieren decir. Sabemos lo que es haber hecho las cosas tan mal que nos sentimos como si resbaláramos hacia un pozo oscuro sin tener nada a que aferrarnos. Quizá una adicción al alcohol o a las drogas provoca en usted ese tipo de sensación. Quizá tuvo relaciones sexuales antes de casarse. Quizá tuvo una aventura. Quizá un aborto. Todos tenemos habitaciones secretas en nuestras casas, aquellos lugares ocultos, situaciones en que no cooperamos con Dios.

Incluso David, el hombre que se inspiraba en el corazón de Dios, el que abatió a gigantes y fue el rey bienamado de Israel, tenía sus secretos. Y uno de ellos fue un problema de mucha enjundia. Aquel secreto le impidió cooperar con Dios y llevar una vida con significado hasta que estuvo dispuesto a volver donde su padre y asumir la responsabilidad por sus actos. Y esto fue lo que hizo el rey David.

Era primavera y, en el antiguo Oriente Medio, eso equivalía a decir tiempos de guerra. David había enviado al frente al general Joab con todo el ejército israelí, mientras él permanecía en el palacio. Aquello era en sí mismo bastante inocente, pero también merece la pena pensar en ello. A menudo, cuando las cosas van bien, cuando finalmente disponemos de un tiempo de descanso después de haber vivido acontecimientos trascendentales, nos convertimos en objetivo primordial de las trampas del Enemigo. Fue lo que le sucedió a David. El rey estaba aburrido y, según sospecho, un poco solo:

> Y sucedió un día, al caer la tarde, que se levantó David de su lecho y se paseaba sobre el terrado de la casa real; y vio desde el terrado a una mujer que se estaba bañando, la cual era muy hermosa. Envió David a preguntar por aquella mujer, y le dijeron: Aquella es Betsabé hija de Eliam, mujer de Urías heteo. (2 Samuel 11:2–3)

Agitado, incapaz de conciliar el sueño, paseando sobre el terrado para tener una vista de la ciudad… se diría que todo parece muy inocuo, ¿no? Sí, pero observemos la secuencia de los hechos: David va de su cama al terrado del palacio. Ve a una bella mujer bañándose. Luego, envía a un criado a averiguar quién es. Sin embargo, quizá David debería haber desviado la vista en cuanto vio a la mujer bañándose. Y, se podría argumentar, ella tampoco debería haberse bañado en el terrado. Pero la mirada de David se detiene a admirar su belleza, y no se contenta con sólo admirarla, o incluso con desearla secretamente. Quiso saber quién era. A esas alturas, el curso de los acontecimientos fue como una resbalosa pendiente de vuelta al lecho del rey. Pero, esta vez, David no estaba solo.

> Y envió David mensajeros, y la tomó; y vino a él, y él durmió con ella. Luego ella se purificó de su inmundicia, y se volvió a su casa. Y concibió la mujer, y envió a hacerlo saber a David, diciendo: Estoy encinta. (2 Samuel 11:4–5)

Conocemos el efecto dominó. Primero cae una pieza, y luego otra y, de pronto, ha caído toda una hilera. Y, como veremos en un momento, así como en el siguiente capítulo, caerán otras piezas de dominó.

¿Cómo es posible que nuestro héroe, el poderoso rey pastor, con un corazón de oro y una voluntad de hierro, caiga en tan prosaico apuro? Para alguien que está en contacto tan estrecho con Dios, David pulsó unas cuantas notas desafinadas. Y puesto que tenía una relación tan estrecha con el Dios que lo había creado y ungido rey, tenemos que preguntar: ¿Por qué desafiaría David tan abiertamente la ley de Dios y por qué cometería adulterio… para no hablar de la conspiración de asesinato que habría de seguir?

Hielo negro

¿Por qué pecó David con Betsabé? Puede que en este lado del cielo nunca sepamos qué pensaba ni sentía. Tratándose de un hombre apasionado y poético, puede que haya actuado impulsivamente por puro deseo, el deseo de poseer a una mujer bella, el deseo de conectar con alguien en su soledad, el deseo de una gratificación inmediata como rey. Cualesquiera que hayan sido sus razones, David estaba claramente allanando el camino a un fracaso. En la progresión de los acontecimientos desde el punto A (su agitación inicial en la cama) hasta el punto Z (traer a la mujer de otro a acostarse con él), David dejó el camino de cooperación con Dios. El rey se confundió y abandonó el camino de una vida con significado.

Si bien Dios quiere que cumplamos los deseos de nuestro corazón, también sabe qué es lo mejor para nosotros, y ha establecido unas orientaciones para que nuestros corazones sigan centrados en Él. Resulta difícil decir dónde fue que David cruzó la línea, pero en este caso queda claro que cruzó los límites fronterizos de Dios a toda carrera, no a paso lento. Y caer en el pecado de esta manera se parece mucho a conducir sobre hielo negro. Quienes alguna vez hayan conducido por caminos recubiertos de una fina pátina de nieve o hielo sabrán a qué me refiero. La superficie del camino parece normal, pero el aguahielo sucio y congelado se mezcla con el camino hasta un punto en que deja de ser visible. Si uno intenta rodar a una velocidad normal en una carretera cubierta de hielo negro, seguro que acaba perdiendo el control.

Pensemos un momento en cómo a menudo nos hacemos encerronas a nosotros mismos, cuando nos desviamos de lo mejor que

Dios nos ha dado. Quizá nos permitimos salir de compras para levantarnos el ánimo y gastar dinero que no tenemos. Quizá vamos a lugares donde sabemos que tendremos problemas: al bar, a la librería o un sitio de Internet sólo para adultos, al piso de un antiguo novio. O quizá guardamos a mano un poco de comida basura para una borrachera de medianoche. ¿Por qué lo hacemos? ¿Por qué no decimos sencillamente "no" cuando nos vemos tentados a dejar los caminos de Dios?

Desde luego, se trata básicamente de nuestra naturaleza humana en un mundo caído. Queremos sentirnos bien ahora. No nos agrada sufrir emociones dolorosas ni circunstancias difíciles. También nos montamos nuestro propio fracaso al no saber anticiparnos a nuestras verdaderas necesidades y por no cuidarnos como es debido cuando somos vulnerables. Muchos hombres de negocio me dicen que les pida que rindan cuentas cuando tienen que viajar por trabajo. Saben que se sienten solos cuando están lejos de la familia, y que se sienten inquietos cuando desconectan de las rutinas familiares. Puede que no coman adecuadamente o que no duerman lo suficiente. De manera que las tentaciones de la pornografía, el alcohol u otros vicios aumentan proporcionalmente. ¿Por qué conviene rendir cuentas en estos casos?

Abordaremos el tema de la rendición de cuentas en el próximo capítulo sobre la comunidad. Por ahora, no obstante, es importante saber que la rendición de cuentas nos ayuda llevándonos hasta el piso que la gente no puede ver. Con la rendición de cuentas nos aseguramos de que en el sótano no pasa nada malo. En un momento álgido, cuando nos vemos atrapados en nuestras aflicciones y nuestra soledad, nuestros temores y malestares, es fácil perder de vista el camino de Dios y ver sólo la noche oscura por delante. Cuando sentimos que lo único que tenemos es lo que vemos, ¿por qué no buscar un poco de gratificación? Antes de que nos encontremos en ese trance, tenemos que entender que la cooperación con Dios exige el mejor tipo de rendición de cuentas, no una especie de interrogatorio policial, con humillaciones y nervios, sino del tipo que comparte la vida con otras personas que desean lo mejor de Dios.

La redención radical

Ahora bien, no estamos seguros de que David estuviera solo, aburrido y que no tuviera que rendir cuentas, pero se trata de posibilidades lógicas. Seguro que David no intentó frenar el carro del adulterio una vez que se había subido a él. Y, desafortunadamente, permaneció en ese carro un largo tiempo antes de darse cuenta de que había abandonado la vía correcta. Lo que aprendamos de este capítulo de la vida de David nos ayudará a no perder de vista lo verdaderamente significativo. La rendición de cuentas es una manera de seguir cooperando con los designios de Dios para nosotros.

Cuando la hemos pifiado y debemos asumir las consecuencias, como David hizo con Betsabé, no debemos perder la esperanza. El Dios que servimos ha demostrado en repetidas ocasiones ser un Dios de redenciones radicales. Es capaz de transformar los errores más fatales y las decisiones más egoístas en elementos catalizadores de las obras de su reino. En la situación de David, hemos visto que los asuntos se complicaron antes de mejorar. No sólo David deseó a la mujer de su prójimo y cometió adulterio con ella sino que también elaboró cuidadosamente un plan para encubrir sus crímenes.

David mandó a buscar a Urías, el heteo, marido de Betsabé, soldado del ejército de Joab, y le otorgó un inesperado permiso con la esperanza de que disfrutaría reuniéndose con su mujer y, así, encubriría su paternidad. Sin embargo, Urías era un soldado diligente y recto, y no quería apartarse de la misión encomendada ni entregarse a placeres sensuales como hacer el amor cuando su comandante y sus compañeros soldados dormían en tiendas en el frente de batalla.

David se sintió probablemente frustrado, pero eso no lo disuadió de su encubrimiento, y envió al marido de vuelta al frente con una carta a Joab ordenándole que destinara a Urías a una posición peligrosa. Desde luego, el plan de David tuvo éxito y el hitita murió en la batalla. El rey ahora podía casarse con su viuda sin que nadie supiera sus secretos:

> Oyendo la mujer de Urías que su marido Urías era muerto, hizo duelo por su marido. Y pasado el luto, envió David y la trajo a su casa; y fue ella su mujer, y le dio a luz un hijo. Mas esto que David había hecho, fue desagradable ante los ojos de Jehová. (2 Samuel 11:26–27)

Por lo tanto, las piezas de dominó siguieron cayendo en este período de la vida de David, como si su habitación secreta se hubiera convertido en un laberinto de mentiras y engaños. Desde aquella noche de insomnio, cuando se encontró mirando desde su terrado a la bella mujer que se bañaba, hasta concebir un hijo con ella, no sin antes matar al marido para casarse con ella —una elección equivocada llevaba a otra— y a otras muchas consecuencias relevantes. Pero después de la muerte de Urías y de la boda de David y Betsabé, se podría pensar que David había quedado libre, ¿no? Al fin y al cabo, nadie sabía lo que había hecho.

¡Error! Aún cuando Joab y Betsabé no sospechaban ni veían nada extraño en aquello, el Señor conocía claramente el alma de este hombre al que había llamado y luego ungido para reinar sobre su pueblo. Y no estaba contento. Es muy importante recordar el descontento de Dios cuando nos vemos tentados de obedecer nuestro propio consejo y seguir nuestro camino. Puede que burlemos a todos, que mintamos y engañemos, que encubramos y conspiremos. Puede que incluso nos convenzamos a nosotros mismos de que lo que hemos hecho se justifica. En este caso, por ejemplo, David era el rey. ¿Acaso no tenía derecho a tenerlo todo —y a todos— con sólo desearlo? Pero Dios sabía más que David, así como sabe más que nosotros, lo que de verdad sucede. Más allá de los giros que demos a nuestras historias, más allá de lo que hagamos para convertir nuestro sótano en una sala de baile, Dios ve la *verdadera* historia.

El Señor sabe cuándo nos alejamos de su senda y nos internamos por nuestros propios caminos, esperando encontrar algo, además de Él, que nos procure satisfacciones. Y, aunque parezca asombroso, incluso cuando escapamos y nos negamos a cooperar con sus planes, Él sigue siendo capaz de convertir nuestra rebelión en una grandiosa redención. Esto lo hace de dos maneras.

En primer lugar, Dios permite que los desastres causados por nuestras decisiones se conviertan en oportunidades para que nos demos cuenta de cuánto nos ama y desea trabajar a través de nosotros. Al igual que el padre que se pasea de arriba abajo por la entrada mientras espera que su hijo rebelde vuelva a casa, Dios siempre está ahí, esperando que volvamos. Y cuando volvemos, en lugar de condenarnos y castigarnos como merecemos (¡y como, a veces, hasta desearíamos!), nos arropa con su misericordia bondadosa, nos acepta gracias al puente que tendió su Hijo al morir en la cruz. Nuestro

Padre en el cielo nos ama mucho más de lo que imaginamos, y ese amor nunca flaquea, nunca cesa cuando nos extraviamos. Y cuando volvemos, Dios nos restablece y nos devuelve la solidez, nos transforma en las personas que nos creó para ser.

En el siguiente capítulo, abordaremos la restauración de David, pero ahora quisiera dar un salto hacia delante en su historia con el fin de ilustrar la segunda manera que Dios tiene de traer la redención a nuestras vidas. Lo hace cosechando los frutos de las semillas que nosotros plantamos. Incluso, por ejemplo, cuando plantamos avena silvestre, como David hizo con Betsabé, Dios utiliza esas semillas para que produzcan una cosecha para su reino.

Para ver exactamente cómo Dios hace esto en el caso de David, debemos viajar varias generaciones en el tiempo hasta el evangelio de Mateo. El apóstol desgrana la genealogía del Mesías, y cuenta que "el rey David engendró a Salomón de la que fue mujer de Urías" (1:6). En otras palabras, la relación adúltera del rey con Betsabé, una mujer que esposó después de tramar la muerte de su marido, se transformó en un eslabón del que, al final, nacería el hijo de Dios. Betsabé no sólo dio a luz a Salomón, el siguiente rey de Israel, y artífice del templo. También de ella nace el linaje que acaba en Cristo. (Recordemos que en la historia de Navidad, José y María tuvieron que viajar a Belén durante el censo porque Él pertenecía a la casa y linaje de David.)

Y mientras seguimos la genealogía de Mateo, señalemos a otra mujer que aparece en ella. En el v. 5, nos recuerda que Rahab, una ex prostituta, era la madre de Booz, que se casó con la viuda Rut y continuó el linaje del Mesías. Es sorprendente, ¿no? Nuestro Dios redentor escogió a esas personas pecadoras y se sirvió de sus errores para llevar a cabo sus designios. Hoy, todavía se deleita transformando las vidas cuando estamos dispuestos a cooperar con Él.

Sin embargo, la disposición y la capacidad de Dios para redimir nuestros errores, no nos dan licencia para explotar su gracia. Pablo lo deja muy claro en su carta a los Romanos:

> ¿Perseveraremos en el pecado para que la gracia abunde? De ninguna manera. Porque los que hemos muerto al pecado, ¿cómo viviremos aún en él? (6:1–2)

Sin embargo, tampoco deberíamos desesperarnos ni jamás sentirnos más allá de su alcance. Es un Dios que siempre brinda una segunda oportunidad. Y una tercera, y una cuarta, ¡y hasta 1.983.524 oportunidades!

Un eslabón a la vez

Puede que alguien piense: *Te creo, Jim. Sé que Dios le da una segunda oportunidad a todo el mundo. Pero si supieras el desastre que he dejado yo.* Si nos resistimos a ver cómo Dios puede redimirnos de algunos desastres de la vida —puede que ahora mismo estemos sufriendo las consecuencias de uno— recordemos lo que pide de nosotros. Aunque nos gustaría que todo cambiara de la noche a la mañana, para que las consecuencias y heridas de nuestras decisiones egoístas mutaran de signo mágico e instantáneamente, no es así como procede nuestro Padre. Y, en segundo lugar, tampoco nos pide a nosotros que procedamos así. No espera que cambiemos de la noche a la mañana y nos convirtamos en seres perfectos. Al contrario, nos pide que cooperemos con Él un momento, una hora, un día cada vez, como eslabones en la larga cadena del destino. Sé que la frase *un día cada vez* puede sonar a cliché, pero ¿acaso no es estimulante saber que no tenemos que lograr lo imposible? Eso es asunto de Dios. Nosotros sólo tenemos que cooperar con Él en ese momento preciso.

Ahora bien, como he dicho, me fascina leer historia, porque me intrigan las historias de hombres y mujeres que protagonizaron y vivieron acontecimientos que cambiaron el mundo. Uno de mis personajes preferidos es Winston Churchill, el primer ministro del Reino Unido que luchó contra las fuerzas del nazismo de Hitler en la Segunda Guerra Mundial y mantuvo unido a su país hasta que la victoria aliada estuvo asegurada. Churchill sabía lo que era enfrentarse al miedo y a las probabilidades imposibles. Estoy seguro de que durante los años de la *blitzkrieg* contra Londres, debe haber dado la impresión de que Inglaterra sería destruida y saqueada. Sin embargo, Churchill se centraba en un aspecto cada día. Llevaba a la práctica la sabiduría que había expresado en su frase: "Cometemos un gran error si no lidiamos con el destino un acontecimiento a la vez".

Dios sólo pide de nosotros que aceptemos los desafíos del eslabón de hoy, y nos promete que si cooperamos con Él, forjaremos una alianza destinada al éxito. Si dejamos nuestras habitaciones secretas y nuestros oscuros sótanos y salimos a la luz, Dios revelará la verdadera naturaleza de nuestra trascendencia. Podemos descansar en sus brazos generosos sin importar lo que hayamos hecho y podemos avanzar hacia un destino que Él ya ha redimido.

Así, llegamos al final de esta parte dedicada a la cooperación. Quisiera que pensemos en lo que está en juego. *Si de verdad deseamos vivir una vida con significado, una vida que sea una contribución eterna al reino de Dios, una vida llena de la alegría de saber que somos todo lo que nuestro Padre quiso que fuéramos al crearnos, pensemos en los aspectos de nuestra vida en que luchamos para cooperar con Él.* Ya estemos implicados en un tira y afloja espiritual, o refugiados en las barricadas de la oscuridad de nuestros pecados secretos, o que nos sintamos perdidos y olvidados en uno de los desvíos creativos de la vida, o una combinación de los tres, nunca es demasiado tarde. Hay que volver a la fuente primigenia de fortaleza, darnos a Él cada día, sabiendo que nuestro destino divino es un esfuerzo conjunto, una empresa de cooperación en la que tenemos el privilegio de participar. Y, con cada paso del viaje, descubriremos la alegría y la paz que vienen de la cooperación con el Artífice de lo verdaderamente significativo.

Quinta Parte

La comunidad

¡Mirad cuán bueno y cuán delicioso es
Habitar los hermanos juntos en armonía!
Porque allí envía Jehová bendición,
Y vida eterna.

Salmos 133:1, 3

CAPÍTULO 13

Autoservicio

Puede que alguno de ustedes haya visto el documental premiado por la Academia de Hollywood titulado *La marcha de los pingüinos.* En esta fascinante película, que versa sobre la migración anual del pingüino emperador desde las aguas de la costa antártica hasta sus lugares de reproducción en el interior, se revelan diversos aspectos del intrincado diseño de la asombrosa creación de Dios. Uno de los rasgos más peculiares de estas criaturas es su manera de interactuar como grupo, sobre todo durante el invierno, meses de extremas temperaturas bajo cero, cuando incuban sus huevos.

Durante esos meses duros de nieve, hielo y frío gélido, los progenitores del pingüino emperador se turnan equilibrando su único huevo sobre las patas y por debajo de sus barrigas. Sin embargo, para que los huevos y los padres puedan sobrevivir a las brutales condiciones, la colonia de varios miles de aves forman instintivamente una masa enorme de cuerpos en movimiento. Saben que si han de pasar el invierno, y que si su colonia y su especie han de sobrevivir, deben ayudarse unos a otros a conservar el calor. Así, como en una melé de tonos blancos y negros, no paran de moverse, girando y rotando, chocando y estirándose, algo así como una enérgica multitud de espectadores en un concierto de rock. Los pingüinos se mueven de esa manera con el fin de conservar la temperatura corporal para soportar el implacable invierno antártico.

Al analizar el concepto de comunidad, el factor final que contribuye a una vida con significado, no puedo dejar de pensar en el pingüino emperador. Muchos sabemos que necesitamos a otras personas, tal como esos pingüinos se necesitan unos a otros y, aún así, tenemos dificultades en nuestras relaciones. En esta parte final, quisiera abordar lo que entraña vivir una vida significativa en comunidad, cómo superar los obstáculos que impiden convertirse en una comunidad sólida, significativa, y qué hacer para dejar un legado cuyo eco permanezca para la posteridad.

Iglús separardos

Mientras veía *La marcha de los pingüinos*, pensé que si los pingüinos se parecieran un poco más a las personas, su especie probablemente se habría extinguido. Habrían tenido guerras civiles, se habrían fragmentado en docenas de grupos y otros tantos individuos habrían seguido su propio camino para arreglárselas solos. Algunos pingüinos vivirían en iglúes separados del resto, con verjas de seguridad alrededor de sus terrenos. No se conocerían demasiado y, desde luego, no reconocerían que se necesitan unos a otros.

Es verdad que exagero pero, después de ver la película me pregunté por qué a las personas les cuesta tanto participar en la comunidad. Es imposible negar el hecho de que Dios nos hizo seres que se relacionan. Desde la creación de Adán y Eva en el jardín, Dios nos ha dejado claro que necesitamos a otros seres humanos para superar la soledad, que existe incluso cuando estamos en el paraíso, incluso cuando tenemos una relación perfecta con nuestro Padre. A través de la historia y de las Escrituras, el concepto de comunidad es sin duda importante para nuestro Creador. Puede que la comunidad adopte la forma de un pequeño grupo, como la familia de Noé en el arca, o la de una gran nación, como los hijos de Israel, pero siempre ofrece numerosos beneficios, entre ellos la supervivencia y la seguridad, la identidad y la tradición cultural, el servicio y el éxito.

Sin embargo, a comienzos del siglo XXI, encontrar una comunidad sana y auténtica a la que pertenecer se ha convertido en todo un desafío. En el próximo capítulo, hablaremos de algunos obstáculos específicos que advertimos en la creación de una comunidad, si bien creo que el desafío fundamental somos nosotros mismos y nuestra fijación en nuestra felicidad individual, o al menos en lo que pensamos nos hará felices. Sobre todo en Estados Unidos, a lo largo de la historia se ha puesto énfasis en la capacidad del individuo para crear una vida mejor para sí mismo. Pero así como hay muchas personas que gozan de una prosperidad individual, muchas otras buscan respuestas a la separación en las relaciones y al dolor.

A pesar de nuestros logros personales, vivimos insatisfechos hasta que esos logros se vivan en el seno de una comunidad significativa. Como pastor, tengo relación con personas que sufren grandes dolores, a pesar de que viven en familias grandes, en casas agradables y barrios preciosos. *A pesar de todos nuestros éxitos externos, puede que no vivamos una vida con significado porque no la compartimos con los demás, porque no estamos creando una comunidad.*

De hecho, me temo que nuestro siglo XXI se ha convertido en una época adversa para la creación de comunidades. Por un lado, tenemos una tecnología asombrosa que nos permite intercambiar correos con personas en Sudáfrica, mandar mensajes en tiempo real a amigos a miles de kilómetros, o reunirnos con gente que comparte intereses en miles de "chats" en Internet. La comunidad global es más grande y está más interconectada que nunca.

Por otro lado, todo ese tiempo que pasamos conectados a teléfonos celulares, ingenios BlackBerry, computadores portátiles, pagers, PDA y tecnologías inalámbricas, significa que estamos bombardeados con información y mensajes. En una ocasión, conté el número de correos electrónicos recibidos en una semana. Incluyendo el correo basura y los *spam,* así como los correos personales y relacionados con mi ministerio, ¡sumaban más de cien! Para mí es mucho, y sé que muchos de ustedes reciben más de cien correos en un solo día.

¿Qué efectos tiene esta sobrecarga de información y de agotamiento tecnológico en nuestra manera de ver la comunidad? Hoy en día, todos podemos estar en contacto unos con otros todo el tiempo. Sin embargo, esta capacidad no garantiza que sepamos cómo construir una comunidad fuerte, vital y respetuosa de Dios. De hecho, estamos tan cansados al final del día que sólo queremos hibernar en nuestro hogar y vegetar frente a la televisión con nuestra familia. Es difícil participar en otras reuniones o funciones de grupo cuando no tenemos un respiro.

Quizá este agotamiento ayude a explicar un fenómeno que observo a menudo en nuestra iglesia. Muchas personas me han dicho que prefieren participar en una iglesia más grande porque pueden entrar y salir anónimamente. Pueden rendir culto, asumir las enseñanzas y disfrutar de una camaradería informal con viejos y nuevos conocidos. Pero no tienen que ir más allá de estos contactos superficiales y conocer a las personas en planos más profundos. Como consecuencia, no dan a conocer sus verdaderas necesidades, y sólo dicen "Bien", cuando se les pregunta cómo les va. Tampoco se sienten llamados a servir a otros ni a implicarse en la vida de la gente. Si bien puede que este tipo de "iglesia light" esté bien para un tiempo de descanso y renovación, no es lo que Dios quiere que vivamos. No es una imagen de la comunidad cristiana. No es su designio para el cuerpo de la iglesia.

Conociendo esta tentación de asistir a la iglesia anónimamente, mi equipo y yo en Faith and Family Church hemos trabajado para garantizar que todos los que vienen tengan la oportunidad de ir más allá de una bienvenida informal y puedan conocer una comunidad significativa. Ya que hemos crecido de varios cientos a unos cuantos miles de fieles, nuestra iglesia ha empezado a ofrecer diversos modos de intercambio para que las personas puedan ir más allá de lo superficial y conectar unos con otros. Intentamos asegurarnos de que los recién llegados sean recibidos por un pastor de la iglesia que les ayude a encontrar un pequeño grupo, de estudios de la Biblia, de recursos personales o de lo que sea que necesiten. El nuestro no es un sistema perfecto, pero hacemos lo que podemos para que los individuos sepan que son ellos los que importan, no los grandes números ni las instalaciones espectaculares. Si bien no tiene nada de malo tener una megaiglesia en unos bellos terrenos, nunca debemos olvidar que son las personas las que componen la iglesia o cualquier otra comunidad significativa.

A su manera

Aparte de estar agotado y desbordado, ¿qué otra cosa impide que la gente tenga ganas de invertir en otras personas, ya sea en la iglesia o en la comunidad donde viven? (Pensemos un momento en cuántos de nuestros vecinos conocemos. A muchos ya nos resulta bastante difícil recordar sus nombres, para no hablar de quiénes son en realidad y cómo les va de verdad.) Por debajo de las numerosas dinámicas que influyen en cómo nos relacionamos con los demás, hay un desafío fundamental. ¿Estoy dispuesto a sacrificar parte de mi libertad personal por aquello que podemos vivir juntos? ¿Estoy dispuesto a adaptarme a las normas de otras personas para pertenecer?

Hace muy poco observé este tira y afloja entre el deseo de pertenecer a una comunidad y el deseo de independencia, cuando nuestros hijos se convirtieron en adolescentes, empezaron a dejar el nido y a batir sus propias alas. En muchos sentidos, quieren la seguridad de seguir siendo niños, de saber que Tamara y yo estamos ahí y los queremos. Sin embargo, en otros sentidos quieren ser ellos mismos, pensar por sí mismos, tomar sus propias decisiones y hacer sus propias cosas. Aunque este tira y afloja sea un aspecto natural del crecimiento, no deja de ser doloroso.

En uno u otro sentido, todos seguimos viviendo este ir y venir entre la comunidad y la independencia a lo largo de nuestras vidas. Queremos la seguridad del grupo, así como el sentido de la identidad y de pertenecer y, aún así, queremos la libertad para hacer las cosas a nuestra manera. Sin embargo, hacer las cosas a nuestra manera tiene un precio. Cuando tenemos que escoger entre el bienestar de la comunidad y lo que deseamos en el momento, vivimos una terrible lucha interior. Por desgracia, a menudo intentamos fingir que nuestras decisiones individuales en realidad no afectan a nadie más. Intentamos justificar nuestras decisiones y encontramos vacíos en normas y reglamentos que convierten nuestro caso en la excepción. Como me dijo un amigo en una ocasión: "Creo en los límites de velocidad salvo cuando llevo mucha prisa".

Quizá no exista mejor ejemplo de una decisión individual que afecte a muchas otras personas que el encuentro de David con Betsabé. Esa decisión, como muchas decisiones egoístas, en un "momento mío" lanzó cientos de ondas a través de la laguna de la comunidad. Seguramente recordarán los acontecimientos sórdidos de esta historia, que parecen los de una telenovela moderna: mientras su ejército lucha en el frente, una noche David se pasea por su terrado y ve a una mujer hermosísima bañándose. La manda a buscar, duerme con ella, concibe un hijo y luego urde la muerte de su marido en la batalla, tras lo cual se casa con ella para encubrir su crimen.

Es evidente que nuestras posiciones, títulos, privilegios o rangos no pueden apagar nuestra inclinación a servirnos a nosotros mismos. Aunque seamos reyes o presidentes, directores ejecutivos o presidentes de la organización local de damas de la caridad, seguimos teniendo la tendencia a hacer las cosas a nuestra manera. Sin embargo, temo que hay que decir que a medida que avanzamos en la vida, a veces olvidamos esta verdad básica acerca del egocentrismo de la naturaleza humana. Todos nos enfrentaremos a tentaciones, y cómo respondamos a estas oportunidades para servirnos a nosotros mismos a menudo dependerá estrechamente de si disfrutamos de la comunidad, o simplemente la soportamos.

Por ejemplo, la situación privilegiada de David le hizo perder de vista lo más significativo de la vida. Como rey victorioso y amado,

David podía aparentemente hacer lo que quisiera y, hasta ese momento de su vida, lo hacía casi todo bien. Honraba a Dios, combatió en las batallas, luchó contra la tentación de matar a Saúl y unió las facciones que se unirían en una nación que serviría al Señor. Sin embargo, con Betsabé, David se enfrenta a otro tipo de combate, y pierde. Las consecuencias de sus actos fueron cada vez más extensas. David no fue sólo un adúltero, también fue un asesino. Pero no era un asesino cualquiera. Le mentía a Dios, se mentía a sí mismo y mentía a todas las personas a las que servía.

Vemos el egoísmo de David y sus consecuencias a gran escala, pero supongo que todos podemos identificarnos con este efecto de repercusión de las ondas, aunque nuestros delitos sean menores. Cuando pecamos, los efectos suelen girar fuera de nuestro control. Decimos una pequeña mentira, por ejemplo, y luego tenemos que cubrir esa mentira cuando otra persona nos pregunta qué sucedió. Cuando mentimos, nos sentimos mal, lo cual sólo sirve para que sigamos fingiendo. Por ejemplo, nos empeñamos en eliminar nuestra culpa o intentamos que los demás piensen que nos va bien. O, dado que no podemos lidiar con el hecho de que hemos fallado, consentimos nuestro egoísmo: nos entregamos a nuestra conducta, nos deleitamos en ella y pensamos que sencillamente no se puede superar. Sea cual sea la respuesta escogida, nuestra solución versa sólo sobre nosotros mismos, y atentamos contra la posibilidad de la comunidad porque se han dañado los fundamentos de la confianza con Dios y con las personas.

El yo real

La verdad tiene una manera de aflorar a la superficie, sobre todo si Dios se encuentra en el centro de la comunidad, como debería ser. En el caso de David, Dios envió al profeta Natán para que dijera la verdad. Recordemos que el profeta Samuel ungió a David como rey. Otro profeta de Dios le dijo a Saúl, predecesor de David, que sería apartado del trono. En este caso, Dios envió a David el tipo de persona que todos necesitamos cuando olvidamos que nuestras vidas se cruzan con otras. Dios envió a una persona devota que dijo la verdad abierta y osadamente.

Sin embargo, Natán era lo bastante sabio para saber que David, como la mayoría de nosotros, no querría oír la verdad clara y raspada. Así que le contó al rey un cuento:

> Jehová envió a Natán a David; y viniendo a él, le dijo:
>
> —Había dos hombres en una ciudad, el uno rico, y el otro pobre. El rico tenía numerosas ovejas y vacas; pero el pobre no tenía más que una sola corderita, que él había comprado y criado, y que había crecido con él y con sus hijos juntamente, comiendo de su bocado y bebiendo de su vaso, y durmiendo en su seno; y la tenía como a una hija. Y vino uno de camino al hombre rico; y éste no quiso tomar de sus ovejas y de sus vacas, para guisar para el caminante que había venido a él, sino que tomó la oveja de aquel hombre pobre, y la preparó para aquel que había venido a él. (2 Samuel 12:1–4)

David estaba enfurecido con aquel cuento y declaró que el hombre rico debía sin duda pagar por un delito tan osado y descarado. Robar a alguien está mal en sí mismo, pero que alguien que tiene en abundancia robe del que tiene sólo una, parece especialmente injusto. Cuando David declaró que el hombre rico debía morir, Natán le contestó:

—¡Tú eres aquel hombre! (v. 7)

El cuento de Natán apuntaba a la verdad muy ingeniosamente. Es importante reconocer el influjo de una historia bien construida porque cuando cubrimos nuestro egoísmo con capas de negaciones y justificaciones, puede que la verdad acerca de lo que hemos hecho penetre con mucha dificultad en nuestros corazones. Nos volvemos insensibles e indiferentes a las necesidades de otras personas y a cómo Dios quisiera que las sirvamos y recibamos de ellas. Cuando estamos ocupados cubriendo delitos antiguos, somos incapaces de imaginarnos la labor de redención que Dios podría llevar a cabo en nuestra situación. No es de extrañar, por lo tanto, que la verdad a menudo tiene que tomarnos por sorpresa para que la asumamos de verdad.

Fue lo que ocurrió con David, porque después de revelar el sentido de su historia sobre la oveja, Natán reveló lo que Dios tenía que decir a propósito de las circunstancias de David:

> ¿Por qué, pues, tuviste en poco la palabra de Jehová, haciendo lo malo delante de sus ojos? A Urías heteo heriste a espada, y tomaste por mujer a su mujer, y a él lo mataste con la espada de los hijos de Amón. Por lo cual ahora no se apartará jamás de tu casa la espada, por cuanto me menospreciaste, y tomaste la mujer de Urías heteo para que fuese tu mujer.

> Así ha dicho Jehová: "He aquí yo haré levantar el mal sobre ti de tu misma casa, y tomaré tus mujeres delante de tus ojos, y las daré a tu prójimo, el cual yacerá con tus mujeres a la vista del sol. Porque tú lo hiciste en secreto; mas yo haré esto delante de todo Israel y a pleno sol. (2 Samuel 12:9–12)

La verdad es dolorosa. A nadie le gusta que lo llamen mentiroso, tramposo o adúltero. A nadie le gusta que lo destronen del pequeño reino que ha creado para sí mismo. Tampoco queremos ver las desastrosas consecuencias de nuestro egoísmo. No queremos reconocer el dolor y el sufrimiento que nuestras decisiones han provocado en las vidas de otras personas. Y, sin duda, no queremos enfrentarnos a la decepción de nuestro Padre generoso.

Sí, es verdad que las palabras de Dios a David en relación con sus fracasos quizá parezcan duras pero, como hemos visto en nuestro viaje por el tiempo en el capítulo anterior, la redención existe. Quizá esas graves consecuencias eran necesarias para que David se diera cuenta de que su relación con Dios y con su comunidad debía importarle más que sus propios deseos. Cualesquiera fueran las razones de la gravedad de las consecuencias, la verdad acerca de los actos de David dejó una gran estela en el agua cuando finalmente salió a la superficie. En una bella y emotiva oración en el Salmo 51, vemos que David se arrepiente y reconoce que ha pecado, en primer lugar, contra Dios:

> Porque yo reconozco mis rebeliones,
> Y mi pecado está siempre delante de mí.
> Contra ti, contra ti solo he pecado,

y he hecho lo malo delante de tus ojos;
Para que seas reconocido justo en tu palabra,
y tenido por puro en tu juicio…

Crea en mí, oh Dios, un corazón limpio,
y renueva un espíritu recto dentro de mí…

Vuélveme el gozo de tu salvación,
y tu espíritu noble me sustente. (Salmos 51:3–4, 10, 12)

Antes de reconciliarnos con otros, debemos reconciliarnos con Dios. Pero olvidamos con demasiada frecuencia el hecho de que es a Él a quien fallamos, sobre todo cuando anteponemos nuestros deseos egoístas a su voluntad. Y puede que nos cueste pedir a otros que nos perdonen si no hemos vivido la gracia y la misericordia del perdón de Dios, que fue posible gracias al regalo de su Hijo.

¿Qué aspectos de su vida tendría que cambiar para servir a Dios con más fidelidad? ¿Cuáles son los secretos que lo tiran hacia abajo y le impiden vivir la plenitud de la vida significativa para la que fue creado? Lo estimulo para que lleve estos asuntos ante Dios y le haga saber qué hay en su corazón. Debemos recordar que Dios nos ama y quiere conducirnos a una vida abundante, llena de sus bendiciones y alegría. Pero antes tenemos que renunciar a la costumbre de servirnos a nosotros mismo antes de servir a Dios o a los demás.

COMPAÑEROS DE EQUIPO Y TERMITAS

Puede que en su vida no haya pecados secretos ni grandes pesos que lo lastran, pero sigue debatiéndose entre colaborar o no con la comunidad. Puede que en ese caso se trate de lo que definiría como otra manifestación de nuestro egoísmo. ¿Cuál es nuestra actitud básica hacia el objetivo por el que participamos en la comunidad? Con demasiada frecuencia sucede que resulta fácil centrarse sólo en lo que otros pueden hacer por nosotros, en cómo la comunidad puede servirnos, en lugar de preguntarnos cómo podemos contribuir a la comunidad en aquello para lo que hemos sido llamados y estamos capacitados.

Detesto las generalizaciones, sobre todo si corro el riesgo de parecer sensiblero, pero he descubierto que la mayoría de las personas pertenecen a una de dos categorías en su enfoque de la comunidad. O sirven como compañeros de equipo, aquellos que quieren trabajar con otros para producir algo grande, o son termitas, aquellos que quieren consumir a la comunidad para sus propios beneficios personales.

Todos sabemos que las termitas son esos bichos pequeños que se alojan en las estructuras de madera y destruyen nuestras casas y nuestros edificios. Normalmente, ni siquiera nos damos cuenta de su existencia hasta que las fundaciones empiezan a derrumbarse. Lo mismo se puede decir de esas personas en nuestras comunidades que están más comprometidas consigo mismas que con los demás. Pueden pasar desapercibidas en un grupo hasta que tengan que dar a los de su entorno. La comunidad se colapsa cuando esas personas drenan sus recursos sin dar nada a cambio.

Los compañeros de equipo, por el contrario, siempre tienen en mente algo más grande, a saber, el bien del equipo. Me encanta la historia de Joe Gordon, que jugaba en la tercera base para los Yankees de Nueva York. En una ocasión, un reportero le preguntó al entrenador de Gordon, Joe McCarthy, cuál era el jugador al que más le gustaba entrenar. En lugar de contestar, McCarthy se giró y llamó a Gordon. Éste se acercó corriendo al banquillo y McCarthy le hizo unas cuantas preguntas.

—Joe —dijo McCarthy—, ¿cuál es tu promedio de bateo?

—No lo sé —dijo el jugador.

—¿Cuántas carreras tienes esta temporada?

—No lo sé —dijo Gordon, encogiéndose de hombros.

—¿Qué es lo que sabes, Joe?

—Sé que jugamos contra Boston y que jugamos a ganar.

El punto quedaba perfectamente ilustrado, y McCarthy miró al reportero y sonrió. Comparado con el mundo moderno de los atletas profesionales, la actitud de Gordon parece aún más digna y entrañable. Hoy en día es muy fácil que los atletas profesionales se conviertan en celebridades obsesionadas con sus estadísticas personales y con su próximo contrato millonario. Esas personas, ya se trate de atletas o de personas común y corrientes, son termitas. Sólo hablan de mí, de mí y de mí y suelen destruir la piedra angular de un buen equipo. Como agudo contraste, Joe Gordon era un compañero de equipo. Éstos ven que hay algo por lo que vale la pena luchar, más allá de las estadísticas y las apariencias externas. Juegan para ganar, y si vamos a jugar para ganar, tenemos que entender lo que significa ser parte de algo más grande que nosotros mismos, con un objetivo más grande que nuestra felicidad pasajera.

Una de las cosas positivas que trajo consigo el terrible desastre del huracán Katrina fue ver cómo personas de tan diferentes condiciones se unían, llevadas por el impulso de ayudar a los demás. Nuestra iglesia en Texas tuvo la oportunidad de ayudar a muchas familias desplazadas de la vecina Louisiana, y podemos sin duda decir que trajo muchas bendiciones especiales desde el fondo de los corazones. Por ejemplo, pudimos entender bajo un nuevo prisma, lo que perdemos cuando nos consume el impulso de hacer lo que nos conviene en lugar de dejar un tiempo para satisfacer las legítimas necesidades de los demás. También nos hemos hecho más conscientes de que invertir en los demás es esencial en una vida con significado. Todos los días cada uno de nosotros tiene una oportunidad para ser un compañero de equipo, y debemos aprovechar esos momentos e invertir en otros deliberadamente si queremos gozar de las recompensas de la comunidad.

Antes de que sigamos para abordar algunos de los problemas y conflictos que inevitablemente surgen en una comunidad, quiero alentarlos a que piensen en sus relaciones actuales. ¿Cuáles son las personas en nuestra vida que realmente nos sentimos llamados a amar y servir? ¿Cuáles son los aspectos de nuestra vida en los que habría que indagar para honrar más plenamente a Dios y ser más capaz de servir a otros? ¿Quisiéramos ser un compañero de equipo o una termita? ¿A qué categoría pertenecemos actualmente?

Como hemos visto a través del análisis en este libro, una vida con significado es fundamentalmente entregarse de lleno a la tarea de ser quien Dios nos creó y vivir según los principios de su reino. *Si sólo usamos lo que Dios nos ha dado para nuestro propio placer y bienestar, con el tiempo nos encontraremos vacíos y desanimados.* Como nos recordaba Jesús: "Porque ¿qué aprovechará al hombre, si ganare todo el mundo, y perdiere su alma? ¿O qué recompensa dará el hombre por su alma?" (Mateo 16:26). La verdadera comunidad comienza cuando, reconociendo la trascendencia de otras personas, las servimos y amamos, y dejamos que ellas nos amen y nos sirvan, de maneras que perdurarán por generaciones.

Capítulo 14

Tracción en las cuatro ruedas

Mi amigo Ron escuchó siendo muy joven el llamado de Dios para consagrarse por completo al ministerio de la fe. Sin embargo, en su pequeño pueblo rural tuvo que esforzarse para encontrar a gente que compartiera su pasión por las misiones. Cuando se marchó a la universidad, pensó que finalmente encontraría un grupo de individuos con la misma orientación espiritual. Al contrario, descubrió que entre los alumnos predominaba una actitud festiva, incluyendo a los cristianos. Aunque decepcionado, logró encontrar unos cuantos amigos que pensaban como él, aun si no era la gran comunidad que él había esperado.

Finalmente, Ron se licenció y lo aceptaron en un importante seminario de estudios bíblicos. Estaba muy contento de que Dios lo hubiera llevado hasta aquella institución muy respetada y centrada en Cristo. Una de las cosas que más anhelaba eran las experiencias en comunidad que, pensaba, seguramente existían en el campus —entre sus compañeros alumnos, los profesores, el personal y sus cónyuges y familias. Estaba convencido de que el seminario sería un lugar estupendo de crecimiento y estímulo donde forjaría amistades para toda la vida.

Como nos podemos imaginar, la vida comunitaria en el ambiente de ese seminario desde luego era un estímulo para desarrollarse pero, desafortunadamente, no con la intensidad que Ron se había imaginado. Aparte de unos cuantos compañeros de estudio, mi amigo descubrió que, en realidad, nadie tenía tiempo para cultivar relaciones. La competencia por los premios de predicación parecía mantener a la mayoría de los seminaristas a distancia unos de otros. Los miembros de la facultad eran buenos profesores, pero estaban demasiado atareados poniendo notas, en sus investigaciones y en los trabajos de los comités para ocuparse del seguimiento de los alumnos. Los miembros del personal eran agradables, pero parecían enfrascados en sus responsabilidades y en sus relaciones mutuas.

Ron me contó que esa época del seminario fue una de las experiencias más decepcionantes de su vida.

—Pensé que finalmente sabría lo que significa vivir en una verdadera comunidad —dijo—. Al contrario, sólo era otro lugar muy ajetreado donde cada cual se ocupaba sólo de lo suyo.

Temo que experiencias como ésas dejan una impresión perdurable que determinan qué pensamos de las comunidades. Por otro lado, por lo que he podido ver, muchas personas hoy en día ya no esperan gran cosa de quienes los rodean. Simplemente suponen que la gente está demasiado ocupada o ya está comprometida con otras relaciones.

¿Se relaciona usted con otros? ¿Cómo describiría su participación en el grupo que actualmente ve como una comunidad? ¿Le ha sucedido alguna vez que esperaba encajar en un grupo pero que, a la postre, descubría que los miembros del grupo no estaban conectados unos con otros?

Palos en las ruedas

Por lo que deduzco de mis observaciones, Ron no está solo en su búsqueda ni en la decepción que se ha llevado con la participación comunitaria. Como veíamos en el capítulo anterior, puede resultar muy difícil en nuestro mundo inalámbrico de alta velocidad bajar el ritmo y conectar de verdad con las personas. Sin embargo, yo sigo convencido de que la comunidad es esencial si queremos vivir vidas plenas y significativas. Podremos tener todo el dinero del mundo, mansiones grandes como campos de fútbol, títulos y privilegios de las élites, y seguir vacíos y desconectados de las relaciones verdaderas.

La verdad es que sin la plataforma de la comunidad en que apoyarse, no podemos alcanzar la plenitud de una vida auténticamente significativa. Jesús nos recuerda que una vida auténticamente significativa se cultiva en el interior de la comunidad. Vivimos la importancia del alma cuando nos vinculamos a quienes nos rodean, dando y recibiendo, luchando y sobreviviendo, regocijándonos y estimulando a los demás.

Una de mis imágenes favoritas para este proceso comunitario es la de una carroza que antaño perteneció al abuelo de un anciano miembro de nuestra iglesia. El chasis de la carroza descansa sobre cuatro grandes ruedas, cada una con un eje central, decenas de rayos y una llanta metálica exterior. Con las cuatro ruedas montadas, la carroza podría rodar durante kilómetros y kilómetros, o hasta que los caballos y las mulas se cansaran.

Esas rústicas ruedas de carroza sirven como símbolos sencillos pero poderosos de cómo funcionan las comunidades significativas. En el eje encontramos los objetivos comunes y los valores compartidos de la comunidad. Nosotros, los cristianos, situamos a Dios y su voluntad en el centro de la rueda: queremos saber y compartimos su liderazgo individual y colectivamente.

Desde el eje, los numerosos rayos conectan el centro con la llanta de la rueda. Aunque los vehículos modernos no suelen tener esos rayos, supongo que la mayoría habrá visto los rayos de madera, tipo clavija, de los que hablo. Para ser miembros eficaces de la comunidad, debemos funcionar como los rayos de una rueda. Debemos ser fuertes y estar unidos, y trabajar individualmente para conectar lo que es más importante para nosotros (el eje) con nuestras acciones (la llanta exterior que demuestra que nuestra comunidad avanza). Si falta un rayo, se debilitará toda la rueda y la progresión será más lenta. Cuando se rompen o faltan demasiados rayos, la rueda misma se quiebra bajo el peso de lo que debe soportar.

¿Cómo hacemos para transformar un lugar que es sólo un espacio concurrido en una comunidad significativa, en un grupo de personas comprometidas con la fe en el mundo y con los demás, un grupo con un vehículo con tracción en las cuatro ruedas para el reino de Dios? Para crear una comunidad que crece colectivamente en la búsqueda de lo mejor de Dios, y no sólo en tamaño, en el status o en la riqueza, creo que debemos adoptar cuatro estrategias. En primer lugar, debemos establecer una prioridad de los compromisos con la comunidad, centrándonos donde Dios nos ha situado y en aquellas personas con que normalmente interactuamos. Luego, tenemos que poner en *práctica* la comunicación con las personas de nuestra comunidad; tenemos que aprender a lidiar con el conflicto y a extender la práctica de una rendición de cuentas saludable y eficaz. En medio de los conflictos y las tensiones inevitables, debemos *buscar* el perdón y la gracia. Y, finalmente, para hacer crecer raíces profundas en el suelo de la comunidad, deberíamos perseverar pacientemente a lo largo de las varias etapas comunes a todas las comunidades.

La mayoría de las comunidades parecen prosperar cuando estos cuatro valores centrales —concentración, comunicación, perdón y perseverancia— se ponen en práctica regularmente. Cuando eso sucede, el resultado es un vehículo con tracción en las cuatro ruedas que avanza bien, supera los terrenos difíciles y transporta a los individuos a destinos que no podrían alcanzar por sí solos. Al establecer una prioridad de nuestros compromisos, practicando una comunicación sincera, buscando el perdón y perseverando unos con otros en los baches de la vida, podemos —con la ayuda de Dios— superar casi cualquier obstáculo. Así que observemos más de cerca estas cuatro ruedas.

LOS SUPERHÉROES VUELAN SOLOS

Como hemos visto en el capítulo anterior, uno de los principales obstáculos para la comunidad es la necesidad de salir de nosotros mismos y reconocer que necesitamos a otras personas. Creo que si somos sinceros, en el fondo anhelamos tener relaciones significativas y conexiones enriquecedoras con otras personas. Y eso tiene sentido, puesto que hemos sido creados a imagen y semejanza de Dios. Estamos hechos para ser individuos que se relacionan, igual que Él. Los que compartimos los vínculos de la fe cristiana sabemos que nos necesitamos unos a otros si queremos crecer y convertirnos en el pueblo que Dios nos llamó a ser.

Por otro lado, supongo que todos hemos tenido nuestra dosis de decepciones, traiciones y pérdidas, de modo que nos vemos tentados a no acercarnos demasiado o a encariñarnos demasiado con otras personas. Al igual que mi amigo Ron, nos hemos visto frustrados en nuestro anhelo de conectar y por la realidad de lo que la gente ofrece. O, peor aún, hemos aprendido de primera mano qué se siente cuando aquellas personas en que confiamos se vuelven contra nosotros y nos hacen daño. Las heridas del pasado y las cicatrices todavía recientes quizá impliquen que debemos trabajar para reconstruir nuestra confianza.

Sin embargo, nuestro Señor sabe esto. Jesús nos dijo: "Un mandamiento nuevo os doy: Que os améis unos a otros como yo os he amado, que también os améis unos a otros" (Juan 13:34). Aunque a veces parezca imposible amar a otras personas, es lo que Dios nos ha llamado a hacer, a saber, tener con otros la misma bondad y misericordia que Él nos brinda. Si no obedecemos esta orden, estamos dejando de lado dos grandes principios de una vida con significado: servir a otros y ser servidos por ellos. Si bien se diría que ninguno de nosotros puede ignorar a las personas en su vida, creo que esta actitud solitaria existe como una mentalidad claramente destructiva, que yo denomino síndrome del superhéroe.

Le he puesto ese nombre debido a una observación muy aguda que hizo mi hijo Geoffrey en una ocasión. Estábamos de visita en casa de unos amigos y acabábamos de comer mientras los chicos miraban la televisión y jugaban. Cuando estábamos acabando el postre, Geoffrey, que en esa época adoraba a Buzz Lightyear, vino corriendo y dijo:

—Creo que ya no quiero ser un superhéroe.

Sonreí y le pregunté por qué. Él levantó la mirada hacia mí y dijo:

—Porque los superhéroes tienen que volar solos —y se fue corriendo a reunirse con el resto del grupo.

Hay cierta sabiduría en la conclusión de Geoffrey: los superhéroes vuelan solos. Cuando uno intenta hacer todo lo que puede por uno mismo y por aquellos que quiere, entonces está razonando según la falsa idea de que puede ser Superman o la Mujer Maravilla. Muchas personas que leen esto probablemente son muy buenos superhéroes: son organizadas, disciplinadas, centradas e increíblemente observadoras de los detalles. Llevan a los chicos a practicar deporte después del colegio, los ayudan con sus deberes, recogen la ropa de la lavandería, preparan la cena, incluyendo unos platos de más para convidar a los nuevos vecinos, y luego pagan las facturas mientras escuchan una serie de sermones en su iPod. ¡Dios mío, el sólo pensar en la lista me agota!

O, al contrario, nos sentimos culpables porque intentamos hacerlo todo sabiendo que no podemos. Sin embargo, seguimos intentándolo, seguimos luchando y seguimos comparándonos con otros. En cualquier caso, pasamos por alto una verdad crucial sobre la experiencia de vivir una vida significativa en comunidad: *no podemos hacerlo solos... Y no tenemos que hacerlo solos.*

La clave para superar o para evitar el síndrome del superhéroe estriba en comprometerse con otras personas, y eso significa darles a ellos de nuestro ser auténtico y recibir de ellos lo que nos ofrezcan. Este tipo de relación requiere confianza. Cuando hablo de esto con personas que no quieren vivir como el Llanero Solitario, suelen decirme que no saben a quién deberían incluir en sus compromisos con la comunidad, en quién confiar en planos más profundos de sus vidas.

Idealmente, desde luego, esta decisión depende no sólo de la proximidad de las personas sino de las prioridades compartidas. De hecho, por definición, las comunidades se unen en torno a causas y objetivos comunes. En una ocasión, hace mucho tiempo, el principal objetivo consistía sencillamente en permanecer vivos y proporcionarse mutuamente comida, techo y seguridad. A partir de ahí, los objetivos comunitarios evolucionaron para constituir los diversos objetivos que los grupos persiguen hoy en día, desde los derechos políticos hasta los derechos de los animales, desde empresas deportivas hasta negocios en el mercado de las pulgas. (Con los numerosos y variados grupos a los que todos podemos pertenecer, no es de extrañar que muchas personas luchen por establecer prioridades entre sus pertenencias a una u otra comunidad.)

Como país, vivimos un increíble espíritu de unidad después del 11 de septiembre de 2001, un día en que las personas se unieron para llorar a sus muertos, para consolarse unos a otros, para sufrir y mostrar su duelo como un país que estaba sufriendo como nunca antes. De pronto, dejamos de lado las diferencias políticas, sociales y étnicas y nos sentimos profundamente conectados en la compasión y en la preocupación de unos por otros.

Cuando ocurre una crisis como ésa, nos recuerda lo que es más importante para nosotros. Y luego, al menos durante un tiempo, somos capaces de dejar de lado nuestra orgullosa independencia y unirnos a otros. Sin embargo, no tiene por qué ser necesario un desastre como el del Katrina o el 11 de septiembre para recordarnos que nos necesitamos mutuamente. Simplemente debemos recordar la verdad de que la verdadera vida significativa sólo existe viviendo en una comunidad comprometida con objetivos más amplios de lo que podría abarcar una persona sola.

Como he mencionado, recomiendo que escojamos nuestra comunidad principal de acuerdo a nuestras prioridades. Desde luego, todos tenemos familia, amigos, compañeros de trabajo, y las familias siempre han sido nuestra principal comunidad. No es ninguna sorpresa el hecho de que también crea que es importante pertenecer a una comunidad en la fe. Sin embargo, dependiendo del momento de nuestras vidas, puede que Dios nos quiera ver invertir más sólidamente en otras comunidades. Para algunos, puede que esa comunidad sea un ministerio o una organización cercana a la iglesia, una institución de caridad o un grupo de servicio a la comunidad.

No sobran piezas

Más allá de la comunidad que nos sintamos llamados a apoyar, es muy importante no dejarse distraer y servir ahí donde se nos asigne, y no donde nos habría gustado que nos asignen. Al fin y al cabo, parte de estar dispuesto a comprometerse con otros es reconocer lo que tenemos para dar y lo que necesitamos. Como seguidores de Jesús, debemos comprometernos con personas que son nuestros hermanos y hermanas en la familia de Dios. Queremos demostrarles el amor de Cristo y ayudarnos unos a otros para crecer y alcanzar todo el potencial que Dios nos ha dado. Habrá momentos durante esta búsqueda, no obstante, en que sentiremos fácilmente la tentación de desear ser otra persona, tener los dones o capacidades de esa persona en lugar de las nuestras. En esos momentos, es importante recordar que cada uno de nosotros ha sido creado con dones únicos. Dios no comete errores, de manera que cualquiera sea nuestra virtud, es la que Dios desea que compartamos con otros. Cuando nos comparamos con otros creyentes o intentamos ser personas diferentes a lo que somos, perdemos de vista nuestra propia trascendencia y dejamos de centrarnos en el bienestar de los demás.

En la iglesia, debemos recordar que todos y cada uno somos parte del cuerpo de Cristo, y Pablo nos recuerda que cada uno cumple funciones únicas. Hay quienes sirven como ojos, otros como manos y otros como la boca o los pies.

> Además, el cuerpo no es un solo miembro, sino muchos. Si dijere el pie: Porque no soy mano, no soy del cuerpo, ¿por eso no será del cuerpo? Y si dijere la oreja: Porque no soy ojo, no soy del cuerpo, ¿por eso no será del cuerpo? Si todo el cuerpo fuese ojo, ¿dónde estaría el oído? Si todo fuese oído, ¿dónde estaría el olfato? Mas ahora Dios ha colocado los miembros cada uno de ellos en el cuerpo, como él quiso. Porque si todos fueran un solo miembro, ¿dónde estaría el cuerpo? Pero ahora son muchos los miembros, pero el cuerpo es uno solo. (1 Corintios 12:14–20)

Como vemos, no hay piezas que sobren ni sean innecesarias. Dios nos usa a todos de manera especial. Por lo tanto, debemos agradecer nuestras diferencias y aceptar los dones que hemos recibido, en lugar de intentar ser alguien que no somos.

He aprendido esta lección una y otra vez en el terreno del béisbol. Sucede a menudo, por ejemplo, que un jugador muy fuerte y con un gran potencial como bateador se empeña en ser *pitcher,* una función para la que no está dotado. A pesar de su fuerza, nunca afina la velocidad ni la precisión de sus lanzamientos. Sin embargo, no quiere renunciar a su sueño de ser *pitcher*, de modo que pierde la oportunidad de ser un gran bateador y fildeador.

Renunciar a quienes no somos a menudo puede ser más difícil que entregarnos a quienes somos. Sin embargo, es parte del compromiso con y la confianza en Dios y en los demás para que podamos cumplir nuestra función en la vida de la comunidad. Sin duda, David conoció estos problemas de confianza y compromiso a lo largo de su vida. Cuando David confió en Dios y trabajó en armonía con otros, Dios se sirvió de él para producir hechos de una trascendencia eterna. Contra todas las probabilidades, David derrotó a un gigante, se aventuró en el terreno político, plagado de traiciones, unió a un grupo fracturado de tribus guerreras y elaboró un plan para construir el templo de Dios.

Por otro lado, cuando David flaqueó y se internó por su propio camino, sus errores estropearon las ruedas e impidieron el progreso de su comunidad. Fundamentalmente, su pérdida del autocontrol con Betsabé y, como veremos, con su familia, sobre todo con su hijo Absalón, produjeron gran confusión en la nación de Israel y en el propio David.

Esta visión retrospectiva de la vida de este gran hombre pone de relieve uno de los principios básicos de la comunidad, a saber, que lo que hacemos como individuos afecta a otras personas. Cuando nos negamos a reconocer nuestra necesidad de los otros y, al mismo tiempo, escamoteamos lo que tenemos para ofrecerles, dejamos de ser aquello para lo cual Dios nos creó. Como las ondas en un estanque cuando una sola piedra rompe su quietud, nuestras acciones tienen un poderoso impacto en las vidas de otras personas de diversas maneras. Un solo acto de bondad puede cambiarle a una persona el sentido de su día, de su semana o, quién sabe, de toda una vida.

Libertad de expresión

La comunicación sincera es otro aspecto de la construcción de una comunidad que, al igual que otras, requiere una práctica permanente para mantener las ruedas bien lubricadas y rodando con suavidad. Y la comunicación sincera es una de las destrezas más difíciles de practicar. Requiere un esfuerzo permanente para asumir riesgos y vencer el miedo, por ejemplo, de que otros nos malinterpreten y de lo que puedan pensar. La comunicación sincera también significa resistir a la tentación de manipular y controlar, de chismorrear y calumniar. Para comunicarse eficazmente en la comunidad, hay tres dinámicas absolutamente necesarias: la confianza, la seguridad y la coherencia.

En primer lugar, además de ser crucial para nuestra manera de dar prioridad a nuestros compromisos, la confianza es igualmente esencial para la comunicación sincera y eficaz. Sin la confianza como elemento fundamental de una relación, es difícil ir más allá de la superficie y desvelar nuestros corazones y hablar de nuestras luchas. Si no existe la confianza, unos y otros en la comunidad tendrán un grado limitado de acercamiento, y las relaciones interpersonales acabarán por estancarse en un amable intercambio de datos. Desde luego, el intercambio de información es parte de la comunicación, si bien la verdadera comunicación va mucho más allá de las meras palabras que intercambiamos. La verdadera conexión exige que escuchemos lo que *no* se dice, todo aquello que transmite el tono y el estilo del mensaje, así como la intencionalidad que vemos en él.

A veces es difícil reconstruir la confianza si se ha roto debido a una traición. Y, desde luego, no tenemos por qué confiar en todos de la misma manera. La confianza es un regalo que se gana, no algo a lo que todo el mundo tiene derecho por defecto. Por lo tanto, tengamos conciencia de lo vulnerable que somos ante las personas. Escuchemos nuestro corazón y la voz de Dios que nos guía para saber qué, con quién y cuándo compartir. Pero aunque tengamos cuidado y sepamos discernir, es posible que vivamos alguna decepción o frustración. Sin embargo, si tenemos confianza en Dios, nos volvemos más libres para confiar en otros, para perdonarlos cuando fallan y seguir pidiendo la gracia y la misericordia de Dios para nosotros y extendiéndola a los que nos rodean.

Los pilares de la confianza convierten a las comunidades en lo que yo llamo *zonas de seguridad*, en contraste con las zonas de peligro, donde hay obras de construcción o se trabaja con explosivos. Creo que para que se produzca la comunicación de corazón a corazón, las personas deben sentirse seguras. Y la comunidad se vuelve segura debido a nuestras actitudes hacia los demás y a nuestra manera de comunicarnos. Idealmente, la iglesia debería ser el más seguro de todos los lugares, donde las personas puedan hablar sin trabas sobre quiénes son y qué necesitan. Desafortunadamente, la iglesia ha sido a menudo un lugar donde las personas se sienten juzgadas y excluidas.

Para que las comunidades sean zonas de seguridad para sus miembros, yo estimulo a las personas a que aprendan a escuchar. Eso quiere decir que dejemos los juicios al Señor e intentemos concentrarnos en los mensajes reales que nos comunican otras personas. Ya se trate de necesidades físicas (comida o transporte), emocionales (consuelo o compasión) o espirituales (apoyo mediante la oración y las terapias), se trata de necesidades compartidas, y tenemos que sintonizar con los demás de manera que se sientan cómodos con nosotros.

También habrá ocasiones en que se nos llamará para decir verdades que quizá no sean bien acogidas, y esas ocasiones requieren discernimiento, sabiduría y valentía de nuestra parte. Decirse mutuamente la verdad es probablemente uno de los grandes catalizadores que propician el crecimiento personal y el de la comunidad. Aunque la verdad sea dura de decir o escuchar, sus frutos suelen ser el respeto, la claridad y la colaboración.

Como hemos visto a lo largo de la vida de David, Dios solía usar a sus profetas para comunicar sus mensajes. En primer lugar, Samuel buscó a David y lo ungió como rey de Dios para la nación de Israel. Luego, Natán se valió de una parábola para acercarse a David y decir la verdad en lo que concernía a sus relaciones con Betsabé y al asesinato de su marido. Dios también uso a Natán para contarle a David las consecuencias de esos actos. Aunque sin duda a David no le agradó lo que Natán tenía que decir, escuchar esa verdad fue decisivo para cambiar su actitud y volver a Dios. Escuchar la dura verdad de boca de alguien en quien confiamos a veces es lo que nos hace falta para que nosotros también cambiemos.

Finalmente, uno de los aspectos más básicos e ignorados en la comunicación eficaz es sencillamente la coherencia. Si no practicamos en permanencia la conversación abierta y franca, no cuesta mucho que la incertidumbre y los malentendidos se conviertan en amargura y resquemores. Sin el diálogo habitual, nuestra inseguridad se adueña de la situación y nos hace ver en la conducta y en el silencio de los otros cosas que no existen.

El cultivo de la comunicación eficaz depende de la libertad de opinión, aunque sabemos que la comunicación sincera no es algo que se produzca fácilmente. Tenemos que trabajar para encontrar una manera de mantener los canales abiertos, asegurándonos de que la comunicación sea un intercambio y no un monólogo donde una persona le da sermones a otra. Tenemos que consolidar la confianza, garantizar la seguridad y ser consecuentes en nuestra comunicación.

A contrapelo

La comunicación abierta y en un clima de confianza sin duda reduce las posibilidades de conflicto, aunque tarde o temprano surgirán problemas que la comunicación sincera no puede resolver sola. Lo que se requiere entonces es comprensión, compasión y... la tercera rueda de nuestra carroza comunitaria... el perdón.

Aprender a perdonar y a pedir perdón es una tarea más ardua que los otros componentes que intervienen en la construcción de la comunidad. De alguna manera, el perdón va a contrapelo de todo lo que sentimos, sobre todo de nuestro sentido de la justicia. Cuando las personas nos hacen daño, queremos que sepan lo que han hecho, que pidan perdón y que nos reparen por la pérdida. Y cuando nosotros hacemos daño a la gente, interviene nuestra naturaleza humana. Nos sentimos justificados en lo que hacemos y nos cuesta tragarnos el orgullo y pedir perdón.

El rey David se enfrentaba a una difícil tarea de perdón. Se debatía en la duda de si perdonar a alguien que amaba y que lo había traicionado, su propio hijo, Absalón. La historia parece un episodio de *All My Children*, o alguna telenovela por el estilo, porque los hechos son muy trágicos y están poco retocados en su revelación de algunas emociones humanas básicas.

La saga comienza cuando Amnón, el hijo de David, se encapricha con su hermanastra Tamar. Fingiendo estar enfermo, Amnón pide la presencia de Tamar para que venga y le ayude a sanar alimentándolo con su comida casera. Cuando le revela su pasión, Tamar no quiere tener parte en una relación de ese tipo e intenta huir. Sin embargo, Amnón reacciona obedeciendo a su lujuria y rabia al verse rechazado y viola a su hermanastra (ver 2 Samuel 13).

La historia no termina aquí. Tamar se refugia en casa de su hermano mayor Absalón, que, como es natural, se enfurece al enterarse de lo que Amnón ha hecho. David también estaba furioso cuando supo lo ocurrido, porque él mismo le había pedido a Tamar que cuidara de Amnón, sin sospechar de la argucia de su hijo. Quizá si el perdón hubiera intervenido en este punto de la historia, se habrían salvado muchas vidas y el legado de David habría quedado menos manchado. Sin embargo, el perdón no estaba en el horizonte de nadie.

Absalón albergó ese rencor y aprovechó una ocasión, dos años más tarde, para tramar el asesinato de su hermano. Durante la celebración posterior a la esquila, Absalón hizo matar a Amnón y luego huyó, temeroso de la ira de su padre. Al cabo de un tiempo, Absalón vuelve a Jerusalén y, con la ayuda del amigo y general de David, Joab, se reúne con su padre.

> Vino, pues, Joab al rey, y se lo hizo saber. Entonces llamó a Absalón, el cual vino al rey, e inclinó su rostro a tierra delante del rey; y el rey besó a Absalón. (2 Samuel 14:33)

Se daba ahí otra oportunidad para una comunicación sincera y para que se ofreciera el perdón. Y David parecía dispuesto.

A Absalón, al contrario, le molestaba tener que humillarse ante su padre y rey. Justo antes de la reunión, Absalón le dice a Joab: "Vea yo ahora el rostro del rey; y si hay en mí pecado, máteme" (2 Samuel 14:32). Al parecer, Absalón creía que sus hechos anteriores estaban justificados. Por eso, a pesar de su reunión con David, la ambición y el egoísmo de Absalón allanó el terreno para una amarga lucha entre padre e hijo.

Absalón se apostó en las afueras de las puertas de la ciudad y empezó a interceptar a los que venían de las zonas circundantes a ver al rey para solucionar sus problemas:

> Entonces Absalón le decía:
>
> —Mira, tus palabras son buenas y justas; mas no tienes quien te oiga de parte del rey. —Y decía Absalón—: ¡Quién me pusiera por juez en la tierra, para que viniesen a mí todos los que tienen pleito o negocio, que o les haría justicia!
>
> Y acontecía que cuando alguno se acercaba para inclinarse a él, él extendía la mano y lo tomaba, y lo besaba. De esta manera hacía con todos los israelitas que venían al rey a juicio; y así robaba Absalón el corazón de los de Israel. (2 Samuel 15:3–6)

Pensar que a veces nos escandaliza la astucia de nuestros políticos. ¡Absalón se podría medir con cualquiera de ellos! Confabulándose y manipulando y, por ello, convirtiendo a los leales súbditos de su padre en rebeldes. No deja de haber cierto ingenio en el malvado plan de Absalón. Al crear un problema en las mentes de la gente ("no hay ningún representante del rey para escucharte") también desacreditaba la autoridad de David y se presentaba a sí mismo como la solución. Esta misma estrategia continúa viva hoy en día, y separa familias, iglesias y comunidades empresariales. Como Absalón, puede suceder que una persona bien preparada se encuentre tan atrapada por su agenda y tan comprometida con llevarla a cabo que ignora el costo que eso tiene para su comunidad.

Esa actitud tan egoísta contrasta con la reacción de David ante el intento a gran escala de su hijo para destronarlo. Después de huir de la ciudad y de las tropas de Absalón, y varias escaramuzas más tarde, David se enfrenta al momento final. Divide a su ejército en tres flancos y se prepara a entrar en combate contra su propio hijo. En medio de todo esto, asistimos a un hecho leve pero muy significativo.

> Y dijo el rey al pueblo:
>
> —Yo también saldré con vosotros.
>
> Mas el pueblo dijo:
>
> —No saldrás; porque si nosotros huyéremos, no harán caso de nosotros; y aunque la mitad de nosotros muera, no harán caso de nosotros; mas tú ahora vales tanto como diez mil de nosotros. Será, pues, mejor que tú nos des ayuda desde la ciudad.
>
> Entonces el rey les dijo:
>
> —Yo haré lo que bien os parezca. —Y se puso el rey a la entrada de la puerta, mientras salía todo el pueblo de ciento en ciento y de mil en mil. (2 Samuel 18:2–5)

Encuentro que esta escena es significativa por varias razones. En primer lugar, resulta asombroso que David estuviera dispuesto a luchar contra su hijo. Aunque hubiera estado dispuesto a enfrentarse a Absalón en el palacio, al parecer David entendía que debía elegir la mejor solución para toda la nación, y no lo que le dictaba su orgullo.

Sin embargo, sé que algunos padres preferirían morir a manos de sus hijos que tener que luchar contra ellos. En este caso, para mantener a la nación unida, y para conservar lo que, con ayuda de Dios, había trabajado tanto para construir, David tuvo que hacer lo impensable y lanzarse a combatir contra alguien de su propia sangre.

La segunda razón por la que esta escena tiene importancia es porque vemos en David una conducta diametralmente opuesta a la actitud egoísta de Absalón. Concretamente, vemos que David renuncia a su deseo de luchar junto a sus hombres y decide mantenerse lejos del frente de batalla. David estaba dispuesto a escuchar a su comunidad y a actuar de acuerdo con sus consejos, aunque los deseos de ellos se opusieran a su preferencia personal. Al contrario, su hijo renunció sistemáticamente a todo lo que le convenía a la comunidad y siguió obsesionado con su objetivo personal.

La historia no tiene un final feliz. Absalón muere en el campo de batalla y, aunque parezca asombroso, la noticia deja al rey sumido en una gran pena. A pesar de la enorme confusión y el dolor que Absalón le había infligido a su alma y a toda la nación, David llora su particular pérdida con profunda emoción. No puedo dejar de preguntarme si la pérdida quizá era más fuerte porque David se veía a sí mismo en la pasión de su hijo, en su impulsividad y en sus habilidades. O quizá David entendió que la naturaleza del perdón queda minada cuando anteponemos nuestros propios objetivos a los de la comunidad, cuando estamos decididos a seguir nuestro camino, independientemente del precio que haya que pagar.

Las cuatro estaciones

La confianza, la comunicación, el perdón, son elementos claves para construir y sostener a la comunidad, y ya que estas tres ruedas requieren una atención permanente, parece adecuado acabar nuestro diálogo con algunas ideas sobre la perseverancia. Cada una de estas ruedas requiere el compromiso de todos a largo plazo, si queremos que la comunidad crezca. Si otros en nuestra comunidad hablan mal de nosotros, si nos sentimos poco comprendidos o si guardamos viejos rencores, no disfrutaremos de los beneficios de vivir en comunidad ni de vivir todo nuestro potencial.

Por lo tanto, debemos seguir invirtiendo en las personas a nuestro alrededor, sirviéndolas, recibiendo de ellas, y dejando que Dios use esas experiencias para convertirnos en comunidades que produzcan resultados y cambien las vidas para lo mejor. *Tenemos que reconocer que la vida con significado existe en el proceso del día a día interactuando con otros.* Así como introducimos cambios en nuestros jardines según las estaciones del año, así debemos adaptarnos a los cambios en nuestras comunidades a medida que luchan, se desarrollan, son podadas, vuelven a crecer y florecen. Cuando llegan las duras condiciones de invierno, por ejemplo, debemos juntarnos (como los pingüinos) para apoyarnos unos a otros. Cuando los meses de primavera y verano nos brinden la oportunidad, debemos compartir los trabajos de sembrar y alimentar. Y cuando llegue el tiempo de la cosecha, debemos estar dispuestos a celebrar todo lo que Dios ha hecho y sigue haciendo.

Desde luego, la perseverancia requiere un compromiso con un propósito más grande que nuestros objetivos y sueños personales.

Para que la carroza de nuestra comunidad avance suavemente, no podemos ignorar esta cuarta rueda. La perseverancia nos permite cargar con los fardos del otro durante una larga tirada, incluso cuando el camino está lleno de baches, sabiendo que estamos cumpliendo nuestro propósito en comunidad.

CAPÍTULO 15

El logro de toda una vida

Una de mis películas favoritas de todos los tiempos es *Ciudadano Kane.* Recordemos que trata de la vida del multimillonario Foster Kane, un personaje inspirado vagamente en el magnate de la prensa en la vida real, William Randolph Hearst. La película termina con una última palabra en labios del moribundo Kane: "Rosebud", y a partir de ahí arranca con la investigación de un reportero llamado Thompson, que pretende descubrir el significado de aquel críptico mensaje.

Cuando Thompson indaga en la vida de Kane, se asoma a la historia de un niño que fue abandonado por su familia al descubrirse oro en sus tierras de Colorado. Criado por guardias y por banqueros dedicados a las inversiones, a Kane le costó encontrar su lugar en la vida a pesar de su enorme fortuna. Su primer matrimonio con una mujer de familia de la alta sociedad acaba en divorcio. Después de incursionar en el mundo del periodismo, Kane se presenta como candidato a las elecciones, pero lo chantajean para que abandone la carrera. Así, dedica el resto de su vida a coleccionar: primero, una segunda mujer, luego otras empresas, luego, objetos de arte, un bestiario de animales salvajes y todas las cosas más espléndidas de la vida. Sin embargo, a pesar de toda la riqueza acumulada y de sus posesiones artísticas, Kane muere solo, abandonado y triste.

Quizá una de las razones por las que me gusta esta película es su parecido con el mensaje del Eclesiastés. Al igual que un Salomón del mundo moderno, Charlie Kane lo tenía todo, pero llegó un momento en que se dio cuenta de que no tenía nada. Se ve obligado a liquidar sus enormes propiedades para pagar impuestos. La palabra "Rosebud" se refería a un tiempo feliz de su infancia. Kane se había apartado de las personas que habían querido amarlo, su primera mujer, su hijo, su mejor amigo y su segunda esposa. La historia de Kane es una historia aleccionadora que sigue siendo tan relevante hoy como hace medio siglo, cuando se rodó.

Hechos para más

Ciudadano Kane sigue siendo relevante porque somos tantos los que seguimos intentando encontrar nuestra identidad y trascendencia en las riquezas, el poder y las relaciones con el sexo opuesto, ninguno de los cuales puede darnos satisfacción. De hecho, nunca olvidaré las palabras de un amigo de la universidad. Nos encontramos en una reunión de nuestra promoción y empezamos a ponernos al día de nuestras respectivas vidas. Me di cuenta, por sus referencias al trabajo y a sus viajes, que las cosas le iban muy bien y que gozaba de un gran éxito. Cuando empezó a preguntarme por mi ministerio y por mi vida, la conversación entró en un plano más profundo.

Finalmente, mi amigo me miró y dijo:

—Sabes, Jim, creo que una de las razones por las que el Señor me ha colmado de bendiciones es para mostrarme que ninguna de ellas es suficiente. Amo mi trabajo, pero no llena el vacío de mi corazón. Mi mujer es la mujer más maravillosa que jamás imaginé tener, pero sigo sintiéndome solo. Tengo unos hijos fabulosos y más dinero del que puedo gastar en esta vida. Pero, últimamente, a medida que he envejecido, me he dado cuenta de que estaba hecho para más.

La observación de mi compañero es algo que creo que todos sentimos en un plano íntimo. Cuando llegamos al final queremos algo más que el logro de toda una vida. Sin embargo, todavía vemos tantos ciudadanos Kane a nuestro alrededor, esa gente famosa, esos magnates y millonarios que han alcanzado sus sueños más fantásticos, sólo para darse cuenta de que siguen insatisfechos. Esa insatisfacción se produce porque, a la larga, nuestro deseo de trascendencia es un hambre espiritual. Queremos conocer a Dios y vivir su amor y su gracia. Sin embargo, aún después de comprometernos con él y con seguir a Jesús, puede que sigamos preguntándonos por qué estamos en este planeta. Por eso, debemos entregarnos a la plenitud de ser el que Dios nos creó para ser y luego servir a otros con los dones que nos ha dado. En esencia, esa búsqueda constituye el objeto de este libro.

He conversado con muchas personas acerca del sentido de una vida con significado. He observado que una de las señales más elocuentes de la trascendencia de una persona es el impacto que él o ella tienen en la comunidad. A veces, es fácil evaluar esto en el presente. Nos limitamos a señalar los diversos actos de servicio o la calidad de las relaciones que esa persona tiene con los demás en una comunidad. ¿Pero qué sucede en una escala más grande? ¿Cómo sabemos lo que dejaremos atrás cuando ya no estemos en este mundo?

Reflexionar sobre lo que dejaremos atrás al morir puede parecer un poco morboso. Sin embargo, considerando el legado que queremos dejar a aquellos que nos importan, puede ser fuente de una gran motivación en el presente. *Si bien es gratificante saber que vivimos en armonía con nuestros objetivos dados por Dios, es aún más satisfactorio saber que lo que hacemos tendrá un eco para toda la eternidad.* Nuestras decisiones y acciones hoy día no tienen que ver sólo con realizar nuestro potencial en el presente. Así como la luz de una estrella a mil millones de kilómetros de distancia viaja hasta llegar a la Tierra, nuestro legado todavía brillará en el futuro.

Cada vez que hago esta comparación, hay quienes me dicen que no son tan importantes y que si bien sus vidas les importan a Dios y a unas cuantas personas, no sienten que lo que hacen tenga un verdadero brillo. Creo que esta actitud nace en parte de lo que, en nuestra idea, es un impacto perdurable. Normalmente, palabras como *legado* y *herencia* nos harán pensar en grandes mansiones, en fondos fiduciarios con muchos ceros, la construcción de nuevas alas para hospitales e iglesias y elegantes monumentos y mausoleos. Sin embargo, en nuestros corazones sabemos que estos objetos tangibles no son los que definen la herencia de una vida con significado.

Por eso, creo que debemos pensar en tres aspectos cuando estamos evaluando la importancia de la vida de alguien. Desde luego, no podemos juzgar las vidas de las personas ni los motivos ocultos de su corazón. Sólo Dios sabe estas cosas. Sin embargo, podemos evaluar los frutos que da la vida de una persona y cómo esos frutos quedan como testimonio del pasado, como una provisión para el presente y como promesa para el futuro. Para ilustrar lo que quiero decir, vayamos a un lugar especial.

El árbol de la vida

Cuando era un niño, uno de los lugares que más me gustaba visitar era la granja de mis abuelos en la Pennsylvania rural. Amaba a los animales, las numerosas experiencias que había tenido con el mundo de la creación de Dios, y las lecciones vitales que aprendí en ese lugar. El escenario de una lección que siempre me ha acompañado es el enorme manzano de más de un siglo de edad que crecía cerca del granero. Antes de que conociera el concepto bíblico de que seremos conocidos por nuestros frutos, me lo enseñó mi madre.

Recuerdo haberme detenido bajo ese árbol un bello día de sol a comienzos de otoño. Las manzanas estaban caídas por todas partes y con mi madre teníamos que encontrar las mejores para hacer una tarta. Mientras buscaba las manzanas perfectas, mi madre me llamó y me dijo que mirara atentamente el tronco.

—¿Tienes alguna idea de la edad que tiene este árbol? —preguntó.

Yo sacudí la cabeza mientras miraba las ramas que parecían alcanzar el cielo.

—Si cortáramos el tronco de este árbol y contáramos sus anillos, contaríamos más de cien. Eso significa que el árbol tiene raíces muy profundas pero, aunque sea viejo, sigue produciendo la fruta más dulce. También es el que ha dado las semillas para al menos una docena de esos manzanos más pequeños.

Yo tomé una manzana rosada del árbol y di un gran mordisco

para ver si era realmente el más dulce. El sabor era dulce y terso y delicioso.

Mi madre sonrió al verme probar y dijo:

—Así es como se sabe si un árbol de verdad tiene y da vida. Si soporta los duros inviernos y las tormentas de verano, si todavía puede dar esta fruta dulce en el presente y si produce semillas para el futuro. Tampoco es una mala vara de medir para la vida de una persona.

Todavía recuerdo las palabras de mi madre y el viejo manzano cada vez que leo las palabras de Jesús en el Evangelio de Juan:

> Yo soy la vid, vosotros los pámpanos; el que permanece en mí, y yo en él, éste lleva mucho fruto; porque separados de mí nada podéis hacer. El que en mí no permanece, será echado fuera como pámpano, y se secará; y los recogen, y los echan en el fuego, y arden. Si permanecéis en mí, y mis palabras permanecen en vosotros, pedid todo lo que queréis, y os será hecho. En esto es glorificado mi Padre, en que llevéis mucho fruto, y seáis así mis discípulos. (Juan 15:5–8)

Los frutos que todos damos sirven sin duda como buenas medidas de nuestra trascendencia. Me agrada este símbolo para medir nuestro impacto eterno porque abarca más que el legado tangible que dejamos al morir. Creo que una vida con significado es un monumento a la bondad y a la fidelidad de Dios para que las personas superen los obstáculos. A medida que perseveramos y ponemos en práctica la fe ante la adversidad, nos convertimos en testigos del carácter y la misericordia de Dios para con nosotros.

Ser algo "más que conquistadores" que son testigos de otros es parte de un legado importante y sirve de trofeo al sufrimiento que padecemos. Ya que "sabemos que en todas las cosas Dios trabaja para el bien de aquellos que lo aman", somos capaces de enfrentarnos a las terribles pérdidas y grandes fracasos que la vida nos pone por delante. Cuando un informe de biopsia no sale como esperábamos, cuando de las relaciones nacen rechazos dolorosos, cuando nuestros hijos sufren, cuando perdemos el empleo, entonces descubrimos de qué estamos verdaderamente hechos. A lo largo de las pruebas de la vida, tenemos la oportunidad de superar los obstáculos, y con ello demostramos lo sabio y bondadoso que es Dios (ver Romanos 8:28–39).

Corre hasta el final

Mi amigo Rob tiene pinta de ser un tipo común y corriente, pero la verdad es que es un triatleta Ironman. A mí me fascina el deporte y jugué béisbol en la universidad, pero los tipos como Rob que compiten en el triatlón me asombran. Puede que alguno de ustedes también sea triatleta, pero para los que no lo son —como yo—, un triatlón es una competencia, de tres partes en que los atletas nadan, hacen ciclismo y corren. Los diferentes niveles del deporte significan diferentes distancias para cada tramo. La parte de natación de Ironman son tres kilómetros en aguas abiertas, la de ciclismo son más de ciento sesenta kilómetros, y los atletas acaban corriendo una maratón, ¡todo en un solo día!

Cuando le pregunté a Rob cómo lo hacía, se encogió de hombros y dijo:

—Si yo puedo hacerlo, lo puede hacer cualquiera. Tienes que poner la mente en ello y ser disciplinado con el entrenamiento para que tu cuerpo aguante el tirón largo.

Rob suele repetir frases como "corre hasta el final", y destaca el importante rol que puede jugar esta divisa si se cree en ella.

—Es un recordatorio —dice— de que se trata de una carrera de resistencia y que sólo ganas si llegas al final.

Me gusta esa actitud de Rob sobre lo que hace falta para soportar el entrenamiento agotador que exige el gran acontecimiento. Es el mismo tipo de resistencia que necesitamos en nuestras vidas espirituales si queremos dejar un legado sustancial en nuestras comunidades. Las personas como Rob nos inspiran a todos para que corramos y sigamos en la carrera de la vida para el largo trecho. En realidad, es un rol que todos estamos llamados a cumplir. El apóstol Pablo conocía la importancia de la resistencia y su papel en un legado significativo:

> ¿No sabéis que los que corren en el estadio, todos a la verdad corren, pero uno solo se lleva el premio? Corred de tal manera que lo obtengáis. Todo aquel que lucha, de todo se abstiene; ellos, a la verdad, para recibir una corona corruptible, pero nosotros, una incorruptible. (1 Corintios 9:24–25)

Si hemos de dejar un legado perdurable, debemos demostrar que tenemos una determinación de triatleta para seguir en la carrera y que haremos lo necesario para acabar bien. Para seguir con la metáfora del manzano, diríamos que ese compromiso de sobrevivir y superar los obstáculos producirá un tronco robusto con numerosos anillos, profundas raíces y ramas fuertes. A medida que vemos que Dios provee para nosotros, nos consuela y nos sostiene, nuestra fe crece, y eso estimula e inspira a otros para superar sus propias dificultades. Una vida con significado puede tocar a muchas personas, y ese hecho es un argumento más a favor de que sólo podemos tener una vida significativa en comunidad.

Frutos frescos

Además de ofrecer un testimonio a la fidelidad de Dios en el pasado, un legado trascendente también se conoce por la calidad de sus frutos. En otras palabras, nuestro pasado no sólo demuestra nuestra resistencia y sirve como testamento de la gloria de Dios. Nuestro fruto, cuando conserva su frescura, nutrirá a los miembros de nuestra comunidad después de que nos hayamos ido. Un manzano puede aguantar las tormentas más duras durante décadas, pero si produce manzanas pequeñas y amargas, no ha logrado gran cosa. Teniendo a Dios como guía, podemos dejar que esta idea de fruta fresca nos ayude en nuestras decisiones sobre hacia dónde canalizar nuestras energías y recursos en esta vida. Debemos preguntarnos: *¿Lo que hago me beneficia sólo a mí por el momento o beneficia a todos para la eternidad?*

Si bien, en teoría, la respuesta a esta pregunta es fácil, es una de las respuestas que más cuesta poner en práctica día a día. Y ése es un motivo más para que nos mantengamos centrados en algo más que nuestra gratificación inmediata. Puede ser muy difícil vivir esta tarea en nuestra sociedad actual, donde se nos bombardea con el mensaje de que podemos sentirnos estupendamente sólo si compramos la última novedad (al menos hasta que llegue la factura con los gastos de la tarjeta de crédito).

Aunque este desafío de negarnos a nosotros mismos la gratificación instantánea puede verse agudizado por el consumismo de nuestra cultura, el tema en sí no es nada nuevo. Sin duda, David tuvo que esforzarse en discernir hacia dónde debía canalizar sus energías y talentos, y hemos visto que cuando seguía a Dios y servía a los demás, surgía lo significativo. Cuando David obedecía a sus caprichos y servía sus apetitos y miedos, reinaba el caos.

Sin embargo, al final David sabía en qué consistía vivir una vida con significado, y eso queda de manifiesto en el legado que dejó y que continúa hasta el día de hoy. Lo explicaré a continuación.

En una visita reciente a Israel, le pregunté a nuestro guía por la época de mayor prosperidad de Israel bajo el reinado de Salomón. Yo suponía que el esplendor de la época de Salomón debía haber sido el período de la historia de Israel del que estaban más orgullosos. El guía dijo:

—No. El rey más estimado y admirado en Israel es David.

Explicó que cuando David llegó al poder, el pueblo no tenía nada. Cuando murió, tenía mucho. Cuando David fue coronado rey, Israel era un territorio de nueve mil kilómetros cuadrados. Hacia el final de su reinado, tenía noventa mil kilómetros cuadrados.

Aún así, no es una cuestión de que lo más grande es lo mejor. Más bien, el aumento del territorio de Israel fue el resultado, o fruto, de un hombre que obedecía a los designios de Dios. En el caso de la nación de Israel, las riquezas y la prosperidad no eran nada comparadas con la recuperación de su dignidad. Si bien resulta tentador medir el éxito por los beneficios materiales, para los israelitas el éxito consistía en haberse convertido en un pueblo a imagen de Dios. Ésa también debería ser nuestra medida del éxito, mientras nos centramos en la realización de nuestros propósitos, sabiendo que Dios conservará para el futuro los buenos frutos que hemos dado y que los utilizará como pilares de rectitud y bendición para aquellos que nos conocieron.

De vuelta al futuro

Además del testimonio del pasado y los frutos del presente, un legado trascendente proyecta una larga sombra sobre las generaciones futuras. Las personas que producen este tipo de frutos para el futuro obedecen a una visión más amplia que la propia y se comprometen a trabajar con otros para realizar múltiples objetivos. Anticipándose a las necesidades futuras, pero también actuando a partir de la fe, plantan semillas ahí donde vayan, y saben que Dios puede tomar las semillas de mostaza de nuestra fe y mover montañas.

El legado de David se proyecta sin duda sobre el futuro. Pensemos sobre todo en los salmos que compuso y su impacto en el pueblo de Dios durante generaciones después de la muerte del poeta pastor. Me fascina cómo esos poemas expresan con tanta hermosura la verdad de lo que significa la condición humana así como la verdad sobre la naturaleza de Dios. Pensando en todo lo que David vivió —desde que Samuel lo ungiera hasta una última guerra con los filisteos después de la muerte de Absalón, leamos el siguiente salmo, que David compuso hacia el final de su vida:

> Jehová es mi roca y mi fortaleza, y mi libertador;
> Dios mío, fortaleza mía, en él confiaré, mi escudo,
> y el fuerte de mi salvación, mi alto refugio;
> Salvador mío;
> de violencia me libraste.
> Invocaré a Jehová, que es digno de ser alabado,
> Y seré salvo de mis enemigos. (2 Samuel 22:2–4)

A lo largo de toda una vida, David aprendió a resistir y, como resultado, dejó un legado para las generaciones venideras que no podría haber imaginado. Conocía de cerca la protección y la fidelidad de Dios, y quería que otros también las conocieran. Y, como comentaba al comienzo de este libro, una de las razones por las que David me atrae y por qué lo elegí como nuestra referencia para una vida con significado es que era un ser humano, igual que todos nosotros. Sus orígenes eran humildes, un candidato poco probable a ser el héroe y rey de Israel. David era un hombre inspirado en la voluntad de Dios, aunque también flaqueaba ante sus deseos. Sabía lo que significaba confiar en Dios y sólo en Él, así como sabía lo que era apartarse de Él y ocultarse en la oscuridad de sus errores.

En el legado de su vida, y como queda ilustrado en este salmo, David se da a conocer como un fruto intemporal. Primero, nos enseñó acerca del honor y la humildad. A lo largo de su vida, David dijo: "Sé por qué soy quien soy, y no quiero que nadie olvide nunca que mis facultades vienen de Dios". Es la misma verdad que expresa en el Salmo 139:

> Porque tú formaste mis entrañas; Tú me hiciste en el vientre de mi madre. Te alabaré; porque formidables, maravillosas son tus obras; Estoy maravillado, y mi alma lo sabe muy bien. (vs. 13–14)

David también nos enseñó el valor de la responsabilidad, cuando tuvo que ejercer el poder como cuando cometió errores. En repetidas ocasiones, como rey, falló y tuvo que hacer frente a las consecuencias, que afectaban a toda su comunidad. Sin embargo, Dios esperaba que los israelitas respetaran a su rey debido a su autoridad divina. David nos recordó que nuestros legados dependen mucho menos de nuestra confianza en nosotros mismos que de nuestra obediencia a Dios.

Finalmente, la vida de David nos enseña qué significa glorificar a Dios a través de la oración y del agradecimiento. Como uno de los poetas más talentosos de todos los tiempos, David nos impulsa siempre a recordar la fuente de nuestras bendiciones, incluso cuando vivimos circunstancias difíciles. Aunque hayamos cometido un gran error y necesitemos el perdón (ver Salmo 51), o estemos deprimidos y rodeados por nuestros enemigos (ver Salmo 27) o nos sintamos conmovidos por la bondad de Dios (ver Salmo 21), en cualquier situación, David nos devuelve a nuestra única constante en la vida, a nuestra Roca. Estoy convencido de que este tipo de legado, orientado a la Fuente de la que fuimos creados, perdura para siempre.

La gracia y la bendición

David nos demostró que ninguna vida es perfecta, que en todas las vidas hay rupturas, pero que la fidelidad de Dios nos sostiene. Nuestras vidas nunca serán en vano si buscamos a Dios y lo servimos con toda nuestra voluntad, a Él y a las personas que sitúa a nuestro alrededor. Cada vida tiene un impacto en las demás… para bien o para mal.

Mi oración para este libro es que plantee un desafío a los lectores y lectoras para que se adueñen de sus vidas como nunca lo han hecho, y que les inspire para marcar una diferencia en la comunidad donde Dios los ha situado. *Para vivir una vida con significado, no hay una fórmula tamaño único que le quede bien a todo el mundo. La clave es la fe en que Dios honra su palabra y se deleita en dar a sus hijos —a ustedes y a mí— la fortaleza para ser todo lo que podamos ser.*

Y ahora que llegamos al final de este libro, mi oración para todos es que cada uno se entregue a quien es y a cómo Dios lo creó. Mi esperanza es que todos crezcan hasta convertirse en robustos árboles llenos de vida, que prosperarán a pesar de las adversidades, que florecerán y darán deliciosos frutos, y que dejarán semillas para futuras cosechas. Mi visión es que cada uno estará rodeado por un enorme bosque de árboles robustos, y que juntos formarán una comunidad formidable que dará fe del amor de Cristo y del poder de Dios como nunca se ha visto. Finalmente, en este viaje hacia una vida con significado, les deseo a todos la gracia y la bendición, a medida que descubran la alegría y la paz que sólo se pueden alcanzar si realizamos nuestro potencial eterno cada día de nuestras vidas.